BURKHARD BENECKEN & HANS REINHARDT
UNSCHULDIG VERURTEILT

in the indictment and fix punishment at imprisonment for life. John Carson Hetler, foreman.

We the jury find the defendant guilty of first degree murder of Nancy Astor Haysom as charged in the indictment and fix punishment at imprisonment for life. John Carson Hetler, foreman.

THE COURT: Hand me the verdict forms, please. Members of the jury, in each case your verdict is first degree murder, imprisonment for life, is this the verdict of each and all members of the jury?

JURY PANEL: Yes, sir.

THE COURT: Is there any request that the jury be polled?

MR. NEATON: Yes, sir.

THE COURT: This means, members of the jury, that you will be called, if this is your verdict say yes, your individual verdict, if it is not, say no. Now rather than calling the names the of the jurors, we'll start right over here, I'm sorry, I don't know your name, but the lady sitting here, you'll be Juror Number 1, and as the

Burkhard Benecken
Hans Reinhardt

UNSCHULDIG VERURTEILT

ZWEI STRAFVERTEIDIGER ÜBER DEN ALBTRAUM JUSTIZIRRTUM

1. Auflage 2023
Copyright © 2023 ecoWing Verlag bei Benevento Publishing Salzburg – München, eine Marke der Red Bull Media House GmbH, Wals bei Salzburg

Medieninhaber, Verleger und Herausgeber:
Red Bull Media House GmbH
Oberst-Lepperdinger-Straße 11–15
5071 Wals bei Salzburg, Österreich

Lektorat: Regina Carstensen
Satz: MEDIA DESIGN: RIZNER.AT
Gesetzt aus der Palatino, Komu, Kheops
Umschlaggestaltung: Büro Jorge Schmidt, München,
Umschlagabbildungen: © Claus Schunk / SZ-Photo / picturedesk.com (vorne), © Benevento Publishing / Hendrik Wardenga (hinten)
Vor- und Nachsatz: Auszug aus der Urteilsverkündung im Fall Jens Söring, 21.6.1990
Autorenillustration: © Claudia Meitert / carolineseidler.com
Printed by Finidr, Czech Republic
ISBN: 978-3-7110-0326-3

Wir widmen dieses Buch allen Strafverteidigern, die tagtäglich für die Rechte ihrer nicht selten unschuldigen Mandanten kämpfen. Hierbei von einer häufig vorurteilsbehafteten Strafjustiz bis kurz vorm Freispruch müde belächelt, leisten sie einen unerlässlichen Beitrag für einen funktionierenden Rechtsstaat.

INHALT

VORWORT
DREIUNDDREISSIG JAHRE HINTER GITTERN – SCHULDIG!?!

»Mr Hetler, sind die Mitglieder der Jury zu einem Ergebnis gekommen?« In der Stimme des Gerichtssekretärs sind militärischer Drill und aufgesetzte Höflichkeit herauszuhören. Nach einer kleinen Pause steht der Vorsitzende der Jury auf und antwortet: »Ja, das sind wir.« Er nickt einmal kurz und überreicht dem Gerichtssekretär ein einziges Blatt Papier – das einstimmige Urteil.

Im bis auf den letzten Platz gefüllten Gerichtssaal des Kreisgerichts in Bedford County im US-Bundesstaat Virginia ist die Luft zum Schneiden. Alle warten auf die Entscheidung. Es geht um ein fünf Jahre zurückliegendes Verbrechen in Boonsboro, dem wohlhabenderen Teil von Bedford. Ein Ehepaar wurde dort am 30. März 1985 getötet, nein, im wahrsten Sinne des Wortes in seinem eigenen Haus abgeschlachtet. Ein doppelter Overkill. Eine Freundin des Paars hatte das Verbrechen vier Tage später entdeckt. Die Ehefrau lag in der Küche, ihr Mann zwischen Ess- und Wohnzimmer. Beide hatten offensichtlich mit ihrer Mörderin, ihrem Mörder oder ihren Mördern noch gemeinsam etwas gegessen und getrunken. Danach war das Paar bestialisch massakriert worden. Der Boden war blutgetränkt, die Leichen übersät mit Stich- und Schnittwunden, die Gesichter schrecklich entstellt, die Köpfe beinahe vollständig abgetrennt. Eine Tatwaffe war ebenso wenig gefunden worden wie Zeugen für das mörderische Blutbad.

Auf der Anklagebank sitzt an diesem Junitag 1990 ein dreiundzwanzigjähriger Student und wartet auf das Ende des dreiwöchigen Prozesses. Auf sein Urteil. Nervös tupft sich der Sohn eines deutschen Diplomaten fast im Minutentakt Schweißperlen von seiner Stirn. Er ist voller Zuversicht, glaubt an ein gerechtes Urteil.

Endlich überreicht der Vorsitzende der Jury, John Carson Hetler, dem Gerichtssekretär den gefalteten Zettel mit dem Ergebnis der Geschworenen. Der Sekretär räuspert sich noch kurz, bevor er das Blatt auffaltet und mit fester Stimme vorliest: »Wir, die Jury, erklären den Angeklagten schuldig des Mordes im ersten Grad an Derek William Reginald Haysom laut Anklage und setzen als Strafe lebenslange Haft fest. Ebenso erklären wir den Angeklagten schuldig des Mordes im ersten Grad an Nancy Astor Haysom laut Anklage und setzen als Strafe lebenslange Haft fest.« Zweimal schuldig. Zweimal lebenslänglich.

Im Saal ist es für mehrere Sekunden gespenstisch still. Selbst die Fliegen, die in der Hoffnung, aus dem stickigen Raum in die Freiheit entkommen zu können, zuvor permanent an den Fensterscheiben gescheitert waren, scheinen sich für einen Moment in ihr Schicksal zu fügen.

»Geben Sie mir bitte das Urteilsformular«, sagt Richter William Sweeney zu dem Gerichtssekretär. Dann wendet er sich den Geschworenen zu: »Mitglieder der Jury, in beiden Fällen lautet das Urteil auf Mord im ersten Grad, lebenslange Haft. Ist es das Urteil von jedem und allen Mitgliedern der Jury?« Die Geschworenen antworten zusammen, beinahe wie im Chor: »Ja, Sir.« Danach bekräftigt einer nach dem anderen sein »Ja« auch noch einmal einzeln. Richter Sweeney richtet danach den Blick zur Anklagebank, zu dem Studenten, und fordert ihn auf, sich zu erheben. Anschließend fragt er: »Können Sie mir noch einen Grund nennen, warum dieses Gericht in beiden Fällen jetzt nicht das Urteil verkünden sollte?«

Die Antwort kommt prompt: »Ich bin unschuldig!«

Einer der wenigen, aber am Ende für die Jury wichtigsten Beweise für die Annahme der Täterschaft des Studenten war ein am Tatort auf dem Holzfußboden hinterlassener blutiger Abdruck einer Socke. Das Beweismittel »LR3«.

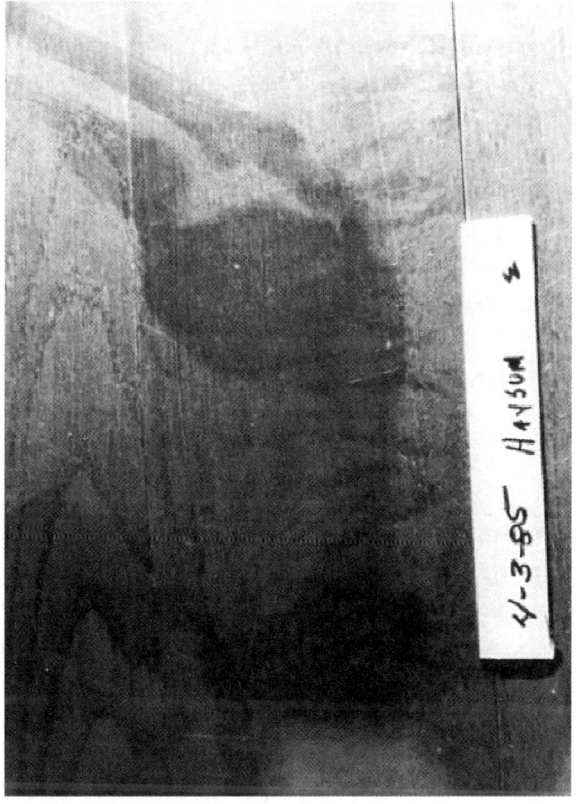

Das Beweismittel »LR3« (Foto: Bedford County Circuit Court)

Der Abdruck eines Fußes in einer Socke ist als Beweis in etwa vergleichbar mit einem Fingerabdruck einer Person, die einen Handschuh getragen hat. Typische Hautrillen, die sogenannten Papillarleisten, die Finger- oder Fußsohlenabdrücke üblicherweise zu absolut einzigartigen Identifizierungsparametern machen (es wurden noch nie zwei Menschen mit dem gleichen Fingerabdruck entdeckt), waren jedoch nicht gefunden worden. Trotzdem hatte die Staatsanwaltschaft sämtliche Hebel in Bewegung gesetzt, um genau diesen Sockenabdruck als schlagkräftiges Beweismittel zur Überführung des Tatverdächtigen heranzuziehen.

Ein Forensiker der Staatsanwaltschaft hatte ein durchscheinendes Foto eines Tintenfußabdrucks des Studenten schablonenhaft über den blutigen Sockenabdruck »LR3« vom Tatort gelegt. Tatsächlich wiesen die beiden Fußumrisse eine verblüffende Ähnlichkeit auf. Bis auf einen Unterschied: Die Größe passte nicht. Dass der Tintenfußabdruck des Studenten de facto einen Zentimeter länger war als der Sockenabdruck »LR3«, stützte der Forensiker auf die Vermutung, dass die Ferse des Angeklagten in der Situation offensichtlich zweimal aufschlug.

Die Schlüsselrolle von »LR3« für die Schuld des Studenten machte der Geschworene Jake Bibb nur einen Tag nach der Urteilsverkündung öffentlich. Er verriet in einem Interview, dass die Jury am Anfang der Doppelmord-Verhandlung noch gespalten gewesen sei: Sechs Mitglieder hätten für »schuldig« plädiert, sechs für »unschuldig«. »Gamechanger« sei am Ende einzig und allein die Socken-Spur gewesen. Das forensische Beweismittel inklusive der nachvollziehbaren Erklärung, dass die Sockenspur mit dem Vergleichs-Fußabdruck des Angeklagten eine gute Übereinstimmung ergeben hätte, führte am Ende dazu, dass sich nach und nach alle Bedenken auflösten und die Karten innerhalb der Jury neu gemischt wurden. So hätten auch die sechs zunächst zögerlichen Geschworenen sich zuletzt von der einen auf die andere Seite ziehen lassen und seien von der Schuld des Studenten überzeugt gewesen. Alle anderen Indizien seien für ihn, so der Geschworene, ohnehin nahezu bedeutungslos geworden. »Was er schrieb (es gab verdächtige Liebesbriefe), hat nicht zu seiner Verurteilung geführt, auch nicht, was andere über ihn sagten (insbesondere eine Kronzeugin)«, enthüllte Jack Bibb. »Es war, was er am Tatort hinterließ. Ohne den Sockenabdruck hätte ich ihn für unschuldig gehalten.« Dazu muss man wissen: In den USA reicht ein einziger Geschworener, der auf »nicht schuldig« plädiert, um einen Freispruch zu erreichen.

Der verurteilte Doppelmörder war wenige Wochen nach der Juryentscheidung aus der U-Haft entlassen und in ein anderes Gefängnis in Bedford verlegt worden. Kurz danach erhielt er Besuch von seinem Verteidiger, der ihn mit den Worten begrüßte: »Entweder hast du das größte Glück der Welt oder das größte Pech.« Strahlend präsentierte der Jurist im kleinen Besucherraum seinem Mandanten einen Umschlag und zog daraus ein Foto. Es zeigte einen Tintenfußabdruck, jedoch einen, den bisher kaum jemand zu Gesicht bekommen hatte. »Das ist ein Abdruck von Elizabeth Haysom«, sagte der Verteidiger. »Und er passt von der Form her genauso gut zum blutigen Sockenabdruck ›LR3‹ wie deiner. Nur stimmt es bei dem von Elizabeth Haysom auch von der Länge her. Da muss man gar nicht über einen doppelten Aufschlag der Ferse spekulieren.« Mit Elizabeth war die Tochter des getöteten Ehepaars Haysom und einstige Freundin des Studenten gemeint. Sie selbst war bereits 1987 wegen Anstiftung zum Mord an ihren Eltern zu neunzig Jahren Haft verurteilt worden und hatte im Prozess gegen den Diplomatensohn als Kronzeugin ausgesagt. Doch woher kam das Beweisstück auf einmal?

Nachdem das Interview mit dem Geschworenen Jake Bibb veröffentlicht worden war, hatte der Anwalt des Studenten in der Asservatenkammer des Gerichts noch einmal die Akte des Forensikers zu dem entscheidenden »Socken-Beweis« studiert. Und war dort mit Elizabeths Fußabdruck auf etwas mit gewaltiger Sprengkraft gestoßen. Hier war ein Beweismittel, das im Prozess voraussichtlich alles verändert hätte. Denn damit war klar: Der Forensiker wusste zwar, dass es einen Vergleichs-Fußabdruck der Kronzeugin gab, der es mindestens genauso möglich erscheinen ließ, dass sie ihre Eltern ermordet hatte. Der Jury wurde aber nur der Fußabdruck des Studenten präsentiert, wodurch der Forensiker einseitig Stimmung gegen den Angeklagten gemacht hatte. War der viel wahrscheinlichere Abdruck von dem Sachverständigen der Staatsanwaltschaft etwa bewusst unter Verschluss gehalten worden?

Der wahre Skandal im Zusammenhang mit der Existenz des praktisch geheim gehaltenen Beweismittels war allerdings hausgemacht: Denn statt Hoffnung zu verbreiten, musste der Anwalt des Verurteilten im weiteren Verlauf kleinlaut einräumen, dass der Tintenfußabdruck von Elizabeth Haysom keineswegs bewusst zurückgehalten worden war, denn für ihn als Verteidiger sei die forensische Akte jederzeit zugänglich gewesen. Offensichtlich hatte der Anwalt diese vor dem Prozess nur oberflächlich studiert. Von einer böswilligen Unterschlagung möglicherweise entlastender Beweismittel im Strafprozess konnte jedenfalls in letzter Konsequenz keine Rede sein. Der Verteidiger hatte einfach verschlafen, den vermeintlich belastenden Sockenabdruck seines Mandanten rechtzeitig nach allen Regeln der juristischen Kunst in Zweifel zu ziehen. Er hatte bei seiner Verteidigung versäumt, in den Vordergrund zu stellen, dass die Schuhgröße, die durch den Sockenabdruck ermittelt wurde, bereits in dem forensischen

Bericht ausdrücklich eher einer üblichen Frauen- als einer Männergröße zugeschrieben worden war. Von der Länge her passte er wesentlich besser zum Fuß einer Frau.

All das wusste die Jury nicht, als sie das Urteil fällte. Außerdem hatte es der Anwalt schlicht versäumt, die gewagte These zum doppelten Aufschlag der Ferse durch ein Gegengutachten zu widerlegen. Und es kam noch schlimmer: Der Verteidiger hatte ein weiteres Mal gepatzt: Er hatte die so wichtige Einundzwanzig-Tage-Frist für das nachträgliche Vorbringen neuer Beweise verstreichen lassen. Die »21 Day Rule« gibt es nur im Bundesstaat Virginia, sie legt fest, dass verurteilte Straftäter neue Beweise, die auf ihre Unschuld hindeuten, innerhalb von einundzwanzig Tagen nach Verkündung des Urteils vorbringen müssen. Unfassbar: Diese Frist war abgelaufen, als der Verteidiger triumphal mit dem Vergleichsabdruck im Gefängnis aufgetaucht war. Zu den abenteuerlichen Fehlern des Strafverteidigers passt, dass er wenige Jahre später seine Zulassung als Anwalt verlor. Der Tintenfußabdruck von Elizabeth Haysom war durch seine Unfähigkeit als Beweismittel ein für alle Mal verbrannt – kein Gericht würde sich jemals wieder damit befassen. Der einstige Student Jens Söring ist auch deswegen bis heute offiziell in den USA ein schuldig verurteilter Doppelmörder. Bis heute kämpft er dagegen an.

Die Geschichte von Jens Söring, der schließlich am 17. Dezember 2019 nach dreiunddreißig Jahren, sechs Monaten und fünfundzwanzig Tagen Haft auf Bewährung freikam, abgeschoben wurde und nun in Deutschland lebt, mag man vorschnell als US-typisch oder Einzelfall abtun und hierzulande für ausgeschlossen halten. Die Realität sieht anders aus. Auch an deutschen Strafgerichten werden Tag für Tag Fehlurteile verkündet. Egal ob bei einem Geschworenengericht in den

15

USA, einem Schöffengericht in Recklinghausen oder einem Kammergericht in Berlin – Fehler, Irrtümer und Nachlässigkeiten sind menschlich. Sie machen vor Grenzen und Systemen keinen Halt. Richter, Staatsanwälte, Gutachter und Verteidiger sind keine programmierbaren »Rechtsautomaten«, keine KI (künstliche Intelligenz) mit der Garantie für stets umsichtige, faire und gerechte Entscheidungen. Jedes Beweismittel ist am Ende ein Stück weit Auslegungssache. Unterschiedliche Interpretationen, Meinungen und Überzeugungen sind auf Beweisebene in vielerlei Hinsicht möglich und münden zum Schluss in verschiedene Bewertungen.

Unsere jahrelange Erfahrung als Strafverteidiger zeigt allerdings: Die deutsche Strafjustiz ist relativ instabil und irrtumsanfällig. Dass es, wie häufig kolportiert, unterm Strich kaum falsche Strafurteile geben soll, ist nichts anderes als ein Märchen. Dies zeigt schon die hohe Anzahl in der Berufungsinstanz aufgehobener erstinstanzlicher Urteile. Die Quote liegt nach unserer Erfahrung bei rund 50 Prozent. Das heißt: Jedes zweite angefochtene amtsgerichtliche Urteil ist aus Sicht der höheren Instanz falsch. Die Dunkelziffer unrichtiger Schuldsprüche ist riesig. Man denke an all die Angeklagten, die ohne anwaltlichen Beistand am Amtsgericht in Unkenntnis ihrer juristischen Möglichkeiten sogar abenteuerlichste Urteile »schlucken«. Fehlurteile sind aber keinesfalls als systemimmanente, unvermeidliche Kollateralschäden entschuldbar, die beim Ringkampf um Gerechtigkeit vorkommen. Für Justizirrtümer existieren zahlreiche handfeste Gründe und Erklärungen: Die Spuren führen mal zur Richterbank, mal zur Staatsanwaltschaft, für die Ursachen sind ebenso Ermittler, Angeklagte, Zeugen, Verteidiger oder Gutachter verantwortlich. In diesem Buch legen wir den Finger in die Wunde – in jedem Kapitel benennen wir jeweils eine Ursache, warum es tagtäglich zu Justizirrtümern in Deutschland kommt. Die einzelnen Fehlerquellen werden dargestellt anhand von authentischen Fällen aus unserer eigenen Strafverteidigertätigkeit.

Viele unserer Mandanten standen anfangs massiv unter Verdacht, am Ende stellte sich ihre Unschuld heraus. Wir haben wahrgenommen, dass der überwiegende Teil der Bevölkerung hierzulande wenig objektiv gegenüber Personen ist, die einer Tat verdächtigt werden. Nach dem Motto: »Da wird schon etwas dran sein.« Auch besteht vielfach die Annahme, dass Gerichtsurteile fast gottesgleiche Kraft hätten und im Prinzip immer richtig seien. Wie schnell man unschuldig verdächtigt und im Extremfall durch die deutsche Justiz zu Unrecht verurteilt wird, merken Betroffene meist erst dann, wenn sie selbst in die Mühlen der Justiz geraten. Erst dann wird ihnen klar, wie polemisch, wie voreingenommen und wie ungerecht Polizeibeamte, Staatsanwälte, Richter, ja sogar der eigene Anwalt sein können. Ein gesundes Maß an Selbstreflexion und Selbstkritik scheint der Strafjustiz teilweise abhandengekommen zu sein. Belastende Beweismittel werden nur zu gerne entgegengenommen, Entlastendes wird konsequent ausgeblendet.

Wie schnell einem mit objektiv unrechtmäßigen Methoden eine Straftat angehängt wird und wie nachhaltig die vermeintliche Schuld an einem kleben bleibt, zeigt eindrucksvoll der Fall von Jens Söring. Er ist inzwischen zwar seit mehr als drei Jahren frei, doch der Stachel der Ungerechtigkeit sitzt tief: Er gilt nach wie vor als schuldig. Er lebt vermutlich für immer mit dem Stigma Doppelmörder.

KAPITEL 1

SELBST REINGERITTEN: WENN, WANN UND WARUM BESCHULDIGTE SICH SELBST BELASTEN

Vor Gericht und bei Ermittlern gilt ein Geständnis als Königin der Beweismittel. Geständnisse führen am Ende fast immer zu einer Verurteilung, zu einem Schuldspruch. Gerichte hinterfragen sie nur selten. Selbst wenn ein Beschuldigter sein einmal abgelegtes Schuldbekenntnis später widerruft, wird dies von der Strafjustiz nur müde belächelt. Doch viel häufiger als gedacht ist ein Geständnis falsch – sozusagen eine Königin mit Schrammen im Gesicht.

Jahr für Jahr landen zahlreiche Menschen in Gefängnissen, obwohl sie die ihnen vorgeworfenen Taten in Wirklichkeit überhaupt nicht begangen haben. Nicht selten ist der Verantwortliche für das Albtraum-Szenario, unschuldig in einer Gefängniszelle zu sitzen, der Beschuldigte, indem er zuvor selbst falsche Fährten gelegt hat. Sich selbst reingeritten hat. Selbst ein falsches Geständnis abgelegt hat. Jens Söring, der in den USA wegen Doppelmords verurteilte »33-Jahre-Häftling«, hat genau das getan. Er hat ein falsches Geständnis abgelegt. Mit Kalkül. Und mit einer verhängnisvollen Illusion.

Als 1932 das Baby des legendären US-amerikanischen Flugpioniers und Atlantiküberfliegers Charles Lindbergh entführt wurde, sollen sage und schreibe fast 200 Personen die Begehung der medial zum Jahrhundertverbrechen hochstilisierten Tat zugegeben haben. Doch warum nur gesteht jemand ein Verbrechen, das er gar nicht begangen hat? Die Dimensionen dieses Phänomens werden unterschätzt. Es ist bei Weitem nicht allein Größenwahn, krankhafter Narzissmus oder der bizarre Wunsch, verurteilt zu werden, der Unschuldige zu falschen Schuldbekenntnissen veranlasst. Mal spielen taktische Erwägungen eine Rolle, mal unerträglicher, mal unerklärlicher Druck, mal pure Verzweiflung. Wissenschaftlich gesehen sind für das Phänomen des falschen Geständnisses im Wesentlichen zwei Faktoren ausschlaggebend. So gibt es einerseits erzwungene falsche Geständnisse. Diese fußen auf druckausübende Befragungstechniken bei Polizeivernehmungen. Betroffene gestehen, weil sie sich von Ermittlern bedrängt oder gar bedroht fühlen. Eines der bekanntesten Beispiele sind die »Central Park Five«, fünf New Yorker Teenager, die aufgrund manipulativer Verhöre eine Gruppenvergewaltigung einräumten, obwohl sie nachweislich unschuldig waren – der eigentliche Täter gestand Jahre später die Tat.

Der wohl spektakulärste Fall in Deutschland ist der des Bauern Rudi Rupp. 2001 verschwand Rupp spurlos. In seinem Dorf wurde schnell getuschelt, seine Familie habe Rudi den Hunden zum Fraß vorgeworfen. Eines Tages gaben dann auch seine beiden Töchter, die Ehefrau und der Schwiegersohn zu, Rudi Rupp getötet und zerstückelt zu haben – und wurden anschließend auch verurteilt. Obwohl die Leiche des Landwirts bis dahin nicht gefunden worden war. Fünf Jahre später dann wurde Rudis Auto aus der Donau geborgen. Dabei rutschte vom Fahrersitz der Leichnam des Bauern. Ohne Spuren von Gewalt. Rupp wurde weder mit einer Holzlatte noch mit einem Hammer erschlagen, er wurde nicht zersägt oder von Hoftieren aufgefressen. Polizeivideos sollen später belegt haben, wie Ermittler und Staatsanwaltschaft, aber auch das Gericht versagt haben. Es stellte sich nämlich heraus: Die falschen Geständnisse der vier minderbegabten Angehörigen entstanden durch massive Beeinflussung seitens der Polizei.

Es gibt andererseits falsche Geständnisse, die freiwillig abgelegt werden. Sprich: ohne jeglichen Druck der Ermittlungsbehörden. Ein häufiges Motiv ist die Sehnsucht nach Berühmtheit. Der Schwede Sture Bergwall hatte in den Neunzigerjahren dreißig Morde zugegeben und wurde als einer der gefürchtetsten Massenmörder der Welt verurteilt. Im Nachhinein kam heraus: Er hatte alles frei erfunden und stand unter Medikamenten.

Ein weiterer Beweggrund kann das Bedürfnis sein, Schuld an früherem Fehlverhalten zu tilgen. Jemand gesteht also deshalb, weil er einst Mist gebaut hat und dabei unentdeckt geblieben ist. Jetzt möchte er sein Gewissen reinwaschen, indem er eine nicht begangene Tat gesteht. Weitere Motive für freiwillig abgelegte, falsche Geständnisse können sein: verschobene Wahrnehmung von Realität und Fantasie, intellektuelle Defizite und psychische Störungen. Auch kann Ursache sein, dass ein Betroffener einer Zwangslage entkommen möchte. Fühlt sich jemand verfolgt oder bedroht, rettet er sich durch ein falsches Geständnis ins scheinbar sichere Gefängnis. Eine versprochene Belohnung kann ebenso ein Grund sein, sich selbst zu Unrecht in die Pfanne zu hauen. Wedelt ein reicher Täter mit einem dicken Geldbündel, wird der mittellose Drogenabhängige unter Umständen schwach: Was sind schon einige Jahre unschuldig hinter Gittern, zumal wenn man dort auch an Drogen kommen kann, wenn man danach im Leben durchstarten kann.

Gerade bei Teenagern kann das Motiv für ein freiwillig abgelegtes falsches Geständnis aber auch in dem Wunsch liegen, den wahren Täter zu schützen. Etwa aus Liebe – so wie es Jens Söring in seinem Fall bis heute beteuert. Sein Gradmesser war damals seine innere Zerrissenheit und die Frage: Bin ich ein Ehrenmann oder ein feiges Schwein?

FALSCHE GESTÄNDNISSE – DER FALL SÖRING

Nach dem schrecklichen Doppelmord an den Eltern von Jens Sörings damaliger Freundin Elizabeth Haysom hatte die Bundespolizei der Vereinigten Staaten von Amerika, das Federal Bureau of Investigation (FBI), 1985 zügig ein Verdächtigenprofil erstellt. Der Täter sei eine Frau in enger Beziehung zu den Opfern, so der FBI-Experte. Daraufhin nahmen Ermittler zuerst die Tochter ins Visier, doch die lenkte den Verdacht schnell auf eine ehemalige Verlobte ihres Halbbruders. Nachdem dies sich als falsche Fährte entpuppte, kehrten die Kriminalbeamten zu Elizabeth Haysom zurück – und ihren Freund Jens Söring. Die Ermittler verlangten Fingerabdrücke, Blut und Fußabdrücke von dem Paar. Während Elizabeth dem nachkam, verwies Söring darauf, dass er als Sohn eines Diplomaten zuerst die Genehmigung der deutschen Botschaft einholen müsse. Einige Tage später floh das Paar aus den USA, reiste unter Alias-Namen und in diversen Verkleidungen in verschiedene Länder und landete schließlich Anfang 1986 in London. Dort gerieten beide im April wegen Scheckbetrugs mit dem Gesetz in Konflikt und wurden festgenommen. Einen Monat später hatten auch US-Ermittler von der Verhaftung der mutmaßlichen Haysom-Mörder erfahren und waren nach London geflogen, um Elizabeth Haysom und Jens Söring zu befragen.

Am Nachmittag des 8. Juni 1986 saß Jens Söring in seiner Zelle im Keller des Polizeireviers in London. Sie war blau gekachelt, trübes Licht drang durch einen Fensterschacht hoch oben in der Wand. Dreieinhalb Tage lang war er inzwischen verhört worden, immer ohne einen Anwalt an seiner Seite. Sein englischer Strafverteidiger hatte ihm beim letzten Treffen vier Tage zuvor eingebläut:»Sage nichts, bis ich da bin.« Bei seiner Ankunft im Revier hatte man Söring dann aber zu dessen Verwirrung plötzlich ein Papier vorgelegt, auf dem die Frage stand, ob er einen Anwalt wünsche. Er kreuzte »Nein« an – in dem festen Glauben, dass er bereits einen Verteidiger hatte, der früher oder später auf dem Weg zum Polizeirevier sei.

Dieses Kreuz nennt Jens Söring heute »einen der größten Fehler meines Lebens«. Denn fortan wurde ihm sein »Nein« durchweg so ausgelegt, als ob er auf einen Anwalt verzichten wollte. Dabei stimmte das gar nicht. Er wollte seinen ihm bekannten Anwalt, nicht irgendeinen. Im Logbuch des Polizeireviers wurde für den Diplomatensohn »Incommunicado-Haft« eingetragen, das bedeutete vollständige Isolation, absolute Kontaktsperre, nicht der geringste Zugang zur Außenwelt. Üblicherweise wird diese Maßnahme nur bei verdächtigen Terroristen angewendet. Tatsächlich wurde Söring später erlaubt, mit einem Mitarbeiter der Botschaft zu telefonieren – doch nur in Anwesenheit der Ermittler. Ein Telefonat mit seinem Strafverteidiger hingegen wurde ihm nicht gestattet. Selbst als der Anwalt später, wie versprochen, im Revier erschien, durfte er nur mit Elizabeth Haysom sprechen, nicht jedoch mit Jens Söring. Der konnte das im ersten Moment überhaupt nicht einordnen. »Ich war doch nur ein neunzehn Jahre alter Nerd mit Hornbrille«, sagte er.

Ein Kriminalbeamter, der Söring in den USA verhört hatte, soll bei seinem Anblick gesagt haben:»So ein Bürschchen kann niemals so etwas getan haben.« Nachdem der Student unter der Schlagzeile »Voodoo-Morde« übergroß auf der Titelseite des britischen Boulevardblatts *Daily Mail* abgebildet war, sahen die zuständigen Ermittler das anders. Isolation konnte da schon nützlich sein, um die Widerstandskraft dieses »bestialischen Verbrechers« zu brechen. Als Ermittler konnte man damit rechnen, für seinen »Erfolg« – ein abgerungenes Geständnis – in einem prominenten Fall befördert zu werden.

Sechsmal wurde Söring in den folgenden Tagen verhört, immer ohne Anwalt. »Wieder und wieder wurde ich in einen kleinen Verhörraum geführt, in dem mir drei Ermittler gegenübersaßen. Drei gegen einen. Und die drei waren groß, erwachsen und erfahren, ich hingegen schmächtig, unreif und ahnungslos«, erinnerte er sich später. Ein Geständnis legte Söring nicht ab, einzig dass er am Tatort gewesen sei, räumte er am ersten Tag des Verhörs ein. Immer wieder, wenn die Ermittler ihn aufforderten, endlich zuzugeben, dass er der Killer von Derek und Nancy Haysom ist, hatte er sich geweigert. Zwei Tage später fragte ihn dann einer der Ermittler, ob er sich vorstellen könne, sich für eine Tat schuldig zu erklären, die er nicht begangen hatte: »Would you consider, under those circumstances, taking into account your answer, pleading gulity to something you didn't do?« Und Söring antwortete darauf tatsächlich: »Ja, das kann ich mir vorstellen. Ich glaube, so etwas passiert im wirklichen Leben.«

Vor Gericht sagte Söring später, sein Plan sei es gewesen, das Leben seiner damaligen Freundin und Mitverdächtigen Elizabeth Haysom vor der Todesstrafe und der Hinrichtung auf dem elektrischen Stuhl zu schützen. Deshalb hatte er den Ermittlern gegenüber versichert, dass sie nicht am Tatort, sondern zum fraglichen Zeitpunkt in Washington, D.C., gewesen sei. Dass Elizabeth und er aus der »Nummer« nicht folgenlos herauskommen, dass also beide ins Gefängnis kommen würden – damit hatte Jens Söring sich zu diesem Zeitpunkt schon arrangiert. Aber vor dem qualvollen Tod durch einen Stromstoß von bis zu 3500 Volt wollte er seine damalige Liebe unbedingt retten.

Sein Kalkül war es, besonders clever zu sein. Weil sein Vater damals deutscher Vizekonsul in den Vereinigten Staaten war, er selbst einen deutschen Diplomatenpass mit einem A-1-Visum des US-Außenministeriums besaß, wähnte sich Jens Söring durch eine gewisse diplomatische Immunität geschützt. Sein Plan: »Ich dachte, ich würde wegen meines Vaters nach Deutschland abgeschoben werden und dort vor Gericht kommen. Nach deutschem Jugendstrafrecht drohten maximal zehn Jahre Haft, nach fünf Jahren hätte ich eine vorzeitige Entlassung beantragen können.«

Fünf Jahre im Gefängnis, um das Leben seiner geliebten Freundin zu retten – das war ein Tausch, den er bereit war einzugehen, sagte Jens Söring vier Jahre später vor Gericht. Die Frage, die ihn während der Vernehmungen so beschäftigt hatte – Ehrenmann oder feiges Schwein? –, beantwortete er laut eigener Aussage klar: Ehrenmann. Er entschied sich, sein vor der Festnahme abgegebenes Versprechen gegenüber Elizabeth zu halten, rief einen Beamten und sagte ihm, er wolle nochmals mit dem Ermittler sprechen. Dann legte er sein falsches Geständnis ab:

Im Verhörraum erzählte ich dem Ermittler die Geschichte, die ich in der Tatnacht erfunden hatte. Ich sei nachts im Haus von Derek und Nancy Haysom angekommen. Dort hätte ich mit den beiden Alkohol getrunken und etwas gegessen. Dann sei im Esszimmer ein Streit ausgebrochen, der damit endete, dass ich Derek und Nancy Haysom die Kehle durchtrennte. Im Laufe des Kampfs hätte ich mich an der Hand verwundet, sodass meine Finger stark bluteten. Dann sei ich zurück nach Washington, D.C., gefahren, wo Elizabeth auf mich wartete.

Dass Jens Söring den Ermittlern damit Täterwissen vermittelt hatte, war ihm bewusst. Denn Alkoholgläser befanden sich im Wohnzimmer, im Esszimmer Teller mit Essen, und Blut war auf dem Fußboden gefunden worden. Und die Kehlen der zwei Opfer waren durchtrennt worden. Dieses Wissen will Jens Söring von der wahren Täterin Elizabeth Haysom erfahren haben, so sagte er im Doppelmord-Prozess in Virginia 1990 aus. Real sei das Verbrechen im Hause Haysom nämlich so abgelaufen: Er sei mit Elizabeth übers Wochenende nach Washington, D.C., gefahren, wo sie in einem Hotel eingecheckt hätten. Dort habe ihm Elizabeth anvertraut, dass sie wieder Drogen genommen und aufgelaufene Schulden bei ihrem Dealer durch einen Kurierdienst tilgen müsse. Mit einem vorgespielten Kinobesuch sollte Söring derweil in Washington das Alibi für den Drogentransport sicherstellen. Als er nachts wieder im Hotelzimmer eingetroffen war, soll kurz danach Elizabeth erschienen sein und ihm anvertraut haben: »Ich habe meine Eltern getötet. Die Drogen waren schuld. Sie haben es sowieso verdient.« In diesem Augenblick soll in Jens Söring die in seinen Augen geniale Idee des falschen Geständnisses gereift sein. Der damals Achtzehnjährige will das Verbrechen auf sich nehmen. Ihm als Diplomatensohn werde schon nichts passieren. Ein fataler Irrglaube.

Am Tag nach dem Ablegen des falschen Geständnisses traf Jens Söring erstmals wieder auf seinen Strafverteidiger. »Er sagte mir, ich hätte gerade Selbstmord begangen.« Und weiter: Sein Vater sei zwar Vizekonsul, das habe er, sein Anwalt, zwischenzeitlich in Erfahrung bringen können. Als Konsulardipolmat genoss allerdings nur der Vater selbst diplomatische Immunität – nicht aber seine Familienangehörigen. Trotz Diplomatenpass, diplomatischem Visum und diplomatischer Identitätskarte. Nur Familienangehörige von Auslandsvertretern, die an einer Botschaft arbeiten, seien ebenso wie diese selbst durch diplomatische Immunität geschützt. Jens Sörings Vater arbeitete aber im Generalkonsulat, nicht in der Botschaft. Daher würde nun ziemlich sicher in Virginia Anklage wegen Kapitalmords erhoben werden, fuhr der englische Anwalt fort. Unter Androhung der Todesstrafe. Und da Jens Söring ein ausführliches Geständnis abgelegt habe, bestünde so gut wie keine Chance, dem Todesurteil zu entkommen.

Nur fünf Tage später, am 13. Juni 1986, erhob die Staatsanwaltschaft von Bedford County tatsächlich Mordanklage. Strafbestand: Kapitalmord, in Virginia eine Form des schweren Mordens, bei der gegen den Täter die Todesstrafe verhängt werden kann. Jetzt drohte Jens Söring die Hinrichtung, vor der er seine Freundin Elizabeth durch sein falsches Geständnis hatte retten wollen. Der elektrische Stuhl. Sein englischer Verteidiger versuchte alles: Gutachter attestierten Söring und der im Laufe der Zeit ebenfalls geständigen Elizabeth eine wahnhafte Störung, um die Auslieferung in die USA nur noch mit dem herabgestuften Vorwurf des Totschlags (wegen verminderter Schuldfähigkeit) und nicht mehr wegen Mordes zu erreichen. Denn nur ein Kapitalmord wurde mit Hinrichtung bestraft, nicht jedoch Totschlag. Aber das interessierte die britischen Richter nicht für die bevorstehende Auslieferung in die USA, sie wollten die dortige Justiz entscheiden lassen, ob die Tat Mord oder Totschlag sei.

Der nächste Versuch, Sörings Leben vor dem elektrischen Stuhl zu retten, zielte auf einen Prozess in Deutschland. Nach deutschem Recht hätte man Jens Söring auch hierzulande vor Gericht bringen können, obwohl die Morde in Amerika verübt worden waren. Doch um eine Auslieferung von England nach Deutschland beantragen zu können, benötigte der deutsche Staatsanwalt einen schlagkräftigen Beweis für die Täterschaft Sörings. Und so musste dieser die Morde erneut gestehen, im verzweifelten Versuch, sein eigenes Leben vor der Hinrichtung in den USA zu retten. Doch genau wie bei den psychiatrischen Gutachten ließen die britischen Auslieferungsrichter sich davon nicht beeindrucken. Die Morde waren in den Vereinigten Staaten verübt worden, also sollte der Prozess dort stattfinden, hieß es.

Schließlich reichten Sörings Anwälte eine Klage gegen das Vereinigte Königreich beim Europäischen Gerichtshof für Menschenrechte (EGMR) ein. Sie wollten das Gericht überzeugen, dass die Menschenrechte ihres Mandanten verletzt würden, wenn Söring unter Androhung der Todesstrafe in die Vereinigten Staaten ausgeliefert würde. Doch es war und bleibt überaus schwierig, einen Fall vor den EGMR zu bringen, fast alle Anträge werden abgelehnt. In Sörings Fall mussten seine Anwälte zuerst beweisen, dass ein großes Risiko bestand, in den USA hingerichtet zu werden. Durch diese Klage geriet Jens Söring in eine Zwickmühle: Er durfte bei keiner Gelegenheit erkennen lassen, dass er sich für unschuldig hält. Hätte die britische Regierung, die ihn an die USA ausliefern wollte, davon erfahren, hätte sie darauf verweisen können, dass die USA ein Rechtsstaat sind, in dem unschuldige Menschen nicht verurteilt werden. Sörings Klagebedürfnis wäre auf null geschrumpft, der EGMR hätte seinen Antrag postwendend abgelehnt. Von 1987 bis zur Verkündung des für ihn positiven Urteils am 7. Juli 1989 unterwarf er sich somit seiner eigenen »Omertà«, der Schweigepflicht der Mafia. Das Aussprechen der Wahrheit hätte ihn sein Leben kosten können. Nur solange der Europäische Gerichtshof glaubte, dass Söring unweigerlich hingerichtet werden würde, bestand Bereitschaft, sich mit seinem Fall zu befassen.

Das Urteil des EGMR in diesem Fall ging in die Rechtsgeschichte ein: Seitdem dürfen Mitgliedsstaaten Verdächtige nicht mehr in Länder ausliefern, in denen ihnen Menschenrechtsverletzungen drohen. Immer wieder wird der Präzedenzfall »Soering v. United Kingdom« zitiert, zuletzt von dem Australier Julian Assange, dem Gründer von WikiLeaks, der ebenfalls von England in die Vereinigten Staaten ausgeliefert werden soll. Das EGMR-Urteil ersparte Söring am Ende zwar die Todesstrafe, nicht aber die Auslieferung in die USA. Die Vereinigten Staaten mussten sich in dem Verfahren verpflichten, die Todesstrafe nicht zu beantragen.

Nach der Auslieferung wurde Jens Söring wegen Doppelmords zu zweimal lebenslanger Haft verurteilt. Sein falsches Geständnis hatte er mittlerweile widerrufen. Dass er mit dem grausamen Verbrechen nichts zu tun hat, daran hält er bis heute fest. Und tatsächlich lässt sich inzwischen wissenschaftlich belegen, dass Sörings Geständnis falsch war – dass er kein Doppelmörder im Sinne der Anklage ist. Während seines Abschlussplädoyers 1990 verwies der Staatsanwalt sechsundzwanzigmal darauf, dass die Blutgruppe von Jens Söring am Tatort gefunden wurde. Neunzehn Jahre später wurden genau diese Blutproben vom forensischen Labor Virginias auf DNA untersucht. Das genetische Profil war ein anderes, Söring sei »als Quelle ausgeschlossen«, so der Laborbericht. Dieser Befund untermauert, dass Sörings Geständnis falsch ist. Denn im Verhör behauptete er, er habe am Tatort geblutet. Es war jedoch nachweislich ein anderer Mann, der dort geblutet hat. Genützt hat ihm das nicht, die »21 Day Rule« Virginias verhinderte ein nachträgliches Vorbringen dieser entlastenden Beweise.

Am 17. Dezember 2019 kam Jens Söring auf Bewährung frei – und war in dem Moment, als er das erfuhr, nach eigenen Angaben enttäuscht. Denn ihm fehlte die formelle Begnadigung, die seine Unschuld untermauert hätte und auf die er so gehofft hatte. Darauf hatte er drei Jahrzehnte lang hingearbeitet. Nur das habe ihn angetrieben. Das falsche Geständnis erwies sich für Söring letztlich als verhängnisvoller Fehler. Mit der Konsequenz einer bislang nicht revidierten Verurteilung: als Doppelmörder.

FALSCHE GESTÄNDNISSE - EINE SCHALLENDE OHRFEIGE

Ein ähnlich grausames Verbrechen wie im Fall Söring überschattete zu Beginn der Nullerjahre die Stadt Recklinghausen im Ruhrgebiet. Und auch in diesem Fall gab es in der frühen Ermittlungsphase ein falsches Geständnis – nur war diesmal die Motivation dafür polizeilicher Vernehmungsdruck.

Im Stadtpark von Recklinghausen war eine Frau erst mehrfach vergewaltigt, anschließend zu Tode stranguliert und ihr Leichnam dann in einem Gebüsch hinter dem Rathaus abgelegt worden. Die Ermittlungen der Polizei liefen schon bald auf Hochtouren, es wurde eine Mordkommission gegründet, deren Leiter ein gewisser Simon Caesar war. Die Ermittlungen zogen sich zehn Tage hin. Ohne jeden Erfolg. Aus diesem Grund meinte Simon Caesar, ein begeisterter Agatha-Christie-Fan, es könnte möglicherweise clever sein, einfach mal einen Beobachtungsposten in der Nähe des Tatorts zu installieren. Weil es doch so schön heißt: »Der Täter kommt immer zum Tatort zurück.« Gesagt, getan. Ein Beamter begab sich also in den Park und postierte sich an einer Stelle mit bester Übersicht zur Tatortumgebung. Er saß dort quasi wie ein Jäger auf seinem Hochsitz beim Ansprechen des Wildes. Am zweiten Tag nach Beginn der Observation tauchte ein Mann im mittleren Alter auf. Jörg Ulrich war sportlich gekleidet, hatte einen kleinen Bauchansatz und zusammengekniffene Luchsaugen. Er schlich regelrecht um den Tatort herum. Auf einmal legte er sich auf den Boden und kroch direkt in das Gebüsch hinein, wo die Frauenleiche abgelegt worden war. Dies war Anlass für den observierenden Polizeibeamten, Ulrich aufzufordern, ihn auf die Polizeiwache zu begleiten.

Simon Caesar wusste aus jahrzehntelanger Tätigkeit, dass gerade Täter eines Kapitalverbrechens zeitnah nach Konfrontation mit den Vorwürfen sehr oft Redebedürfnis haben. Gerade bei schweren Verbrechen muss sich ein Täter die Tat regelrecht von der Seele reden. Um durch das Redebedürfnis ein Geständnis zu erlangen, wendet die Polizei daher oft die Good-Cop-Bad-Cop-Taktik an. Sprich: Ein Beamter, der Good Cop, ist dafür da, den Beschuldigten zu animieren, reinen Tisch zu machen, weil es einfach für ihn und sein Gewissen besser sei. Wenn diese Herangehensweise nicht zügig fruchtet, kommt der »Bad Cop« zum Zuge, der eine härtere Gangart einlegt: Dem Verdächtigen wird jetzt ordentlich Druck gemacht.

Auf dem Polizeikommissariat befand sich Jörg Ulrich plötzlich in einer Situation, die er nur aus Filmen kannte. Es war schon spät am Abend, dunkel, der Raum beleuchtet von grellem Neonlicht. Der vernehmende Beamte war Simon Caesar höchstpersönlich. Plötzlich wurde Ulrich mit der Beschuldigung einer Vergewaltigung und eines Mordes konfrontiert. Daraufhin begann er laut zu lachen, beschimpfte den ermittelnden Beamten und zog in übelster Weise über das Opfer her. »War sicherlich eine Schlampe, die nur gekriegt hat, was sie wollte oder verdiente. Was geht mich der Scheiß an, was willst du überhaupt von mir?«, blaffte er Simon Caesar an.

Daraufhin geschah das Unfassbare. Caesar, der deshalb später unser Mandant wurde, rutschte die Hand aus. Er ohrfeigte den Verdächtigen und sah sich in diesem Moment als Stellvertreter aller Frauenrechtler. Ulrichs Wange färbte sich knallrot, er begann daraufhin zu zittern und legte ein Geständnis ab. Es bestand aus einem einzigen Satz: »Ich habe die Frau vergewaltigt und anschließend erwürgt. Mehr sage ich nicht.« Dieses Geständnis unterschrieb der Mann auch noch. Anschließend wurde er dem Haftrichter vorgeführt, der daraufhin einen Haftbefehl mit dem Verdacht des Mordes zur Verdeckung einer Straftat erließ. Jörg Ulrich wurde ins Gefängnis verbracht.

Rund eine Woche später schrillten die Alarmglocken. Der Verdächtige wurde eilig aus der Untersuchungshaft entlassen. Man hatte nämlich in der Zwischenzeit das Ergebnis der DNA-Untersuchung erhalten. Es war seinerzeit am Tatort Sperma gesichert worden. Diese Spur musste ausgewertet werden – vor über zwanzig Jahren dauerte dies alles sehr viel länger als heutzutage. Das Ergebnis war eindeutig. Es war die DNA eines anderen, bereits einschlägig bekannten Sexualstraftäters. Simon Caesar bewies damals Courage und räumte den Sachverhalt, dem vermeintlich Beschuldigten eine schallende Ohrfeige verabreicht zu haben, unumwunden ein. Er gab zu, sich für wenige Sekunden nicht mehr unter Kontrolle gehabt zu haben.

Wie glimpflich die Sache für Jörg Ulrich ausgegangen ist, war diesem am Ende gar nicht bewusst. Warum er das falsche Geständnis abgelegt hatte, warum er seine Freiheit so dermaßen gleichgültig aufs Spiel gesetzt hat, behielt Ulrich damals für sich. Was er in dem Gebüsch zu suchen hatte, erst recht. Nach immerhin einer Woche in U-Haft (als mordverdächtiger Vergewaltiger) soll er gegangen sein, wie er gekommen ist – mit einem Lächeln. Ulrich war ein extremes Risiko eingegangen. Mit einem unehrlichen Polizeibeamten und ohne verwertbares DNA-Material (es sind nicht immer alle DNA-Spuren lückenlos auswertbar, weil sie oft kontaminiert sind) wäre er mit hoher Wahrscheinlichkeit Gefahr gelaufen, als Unschuldiger aufgrund seines Geständnisses verurteilt zu werden – womöglich sogar zu einer lebenslangen Haftstrafe.

So seltsam und schlicht diese Gegebenheit anmutet, so sehr deckt sie doch auf, wie verletzbar der Rechtsstaat im Fall eines falschen Geständnisses sein kann. Denn nicht nur für den unschuldig unter Verdacht geratenen Ulrich, sondern auch für die Gesellschaft bestanden hier enorme Gefahren.

Im Ergebnis hätte das falsche Geständnis um Haaresbreite dazu geführt, dass die Ermittlungen für beendet erklärt, ein Unschuldiger bestraft und der wahre Täter womöglich nie verurteilt worden wäre. Und schlimmstenfalls hätte weiter vergewaltigen und morden können.

FALSCHE GESTÄNDNISSE – DAS »GEDEALTE« GESTÄNDNIS

Vor vielen Jahren wurde einer unserer Mandanten zu einem falschen Geständnis überredet – und das ausgerechnet von Richtern. In einem Strafprozess am Landgericht Düsseldorf hatte sich der Angeklagte letztlich vom Gericht breitschlagen lassen und mehr eingestanden, als er eigentlich getan hatte. Und fuhr so ein auch für ihn akzeptables Ergebnis ein.

Der Angeklagte war beschuldigt worden, als Serienein-brecher zahlreiche Kunstgegenstände gestohlen zu haben. Im Düsseldorfer Raum sollte er gezielt in Villen eingestiegen sein, außerdem auch in ein Museum. Angeklagt waren im Prozess zwölf Einbrüche. Die ersten elf Taten konnten dem Mandanten mühelos nachgewiesen werden, weil er sich durch DNA-Spuren und Fingerabdrücke auf den Kunstgegenständen und an den jeweiligen Tatorten verewigt hatte. Bei der Tat Nummer zwölf sah die Beweislage hingegen sehr »dünn« aus: Es ging um ein aus einem Museum gestohlenes Ölge-mälde. Die mutmaßliche Täterschaft war rein spekulativ. Aufgrund der Ähnlichkeit, wie der Einbruch begangen wurde, dem passenden Tatzeitraum (alle Taten spielten sich inner-halb einer Woche ab) sowie dem gleichen räumlichen Um-feld der Tatorte war die Anklage davon ausgegangen, diese Tat müsse und könne nur dem Angeklagten zugerechnet werden. Vor Gericht hieß es: Bezüglich Tat Nummer zwölf müsste noch weitere Aufklärungsarbeit geleistet werden. Dies sei aber sehr aufwendig und würde möglicherweise einen weiteren Zeitraum von zwei bis drei Monaten in Anspruch nehmen. Bis dahin müsse der Angeklagte noch in Untersuchungshaft bleiben.

Nun machten die Richter den Vorschlag eines »Deals«: Unser Mandant solle doch kurzerhand auch Tat Nummer zwölf zugeben. Für den Fall eines vollen Geständnisses auch in diesem Punkt könne man sich vonseiten des Gerichts mit viel Wohlwollen eine zweijährige Bewährungsstrafe vorstellen. Die Bedingung: ein sofortiges Geständnis – jetzt oder nie!

Der Angeklagte, der uns gegenüber in allen Besprechungen immer glaubhaft seine Unschuld bei der Tat Nummer zwölf beteuert hatte, war in einer Zwickmühle. Zur Wahl standen: ein falsches Geständnis zu Tat Nummer zwölf ablegen, Bewährung bekommen und noch heute ein freier Mann werden. Oder ehrlich bleiben, das Risiko einer Haftstrafe eingehen und mindestens noch zwei bis drei Monate in U-Haft absitzen. Die Entscheidung war schnell gefallen: falsches Geständnis und Freiheit vor Ehrlichkeit und Risiko.

Der Fall beweist auf beeindruckende Weise: Die ohnehin restlos überlastete Strafjustiz sucht häufig nach pragmatischen Lösungen. Hierbei wird mehr oder weniger in Kauf genommen, dass Wahrheit und Gerechtigkeit an der einen oder anderen Stelle auf der Strecke bleiben. Ob elf oder zwölf Fälle – was macht das schon für einen Unterschied? Oftmals wird genau mit dieser Begründung eine Akte zugeklappt.

Vor der Einführung des »Deal-Paragrafen« 257c Strafprozessordnung (StPO) war es sehr umstritten, ob eine Verständigung im Sinne von »Geständnis gegen Strafmilderung« überhaupt zulässig ist. Vom »Handel mit der Gerechtigkeit« war hier die Rede, auch von einem »Vergleich im Gewand eines Strafurteils«. Und tatsächlich mag es eine nicht unbeträchtliche Zahl von Beschuldigten geben, die ein falsches Geständnis ablegen und eine Strafe annehmen, nur weil sie das Risiko einer höheren Verurteilung vermeiden wollen. Dies gilt insbesondere in den Fällen, in denen das Gericht für den Fall eines Geständnisses eine Bewährungsstrafe in Aussicht stellt und ansonsten Haft droht. So wie in dem Gemälde-Fall. Teilweise ist es in Gerichtsverhandlungen – insbesondere in Sexualstrafverfahren – so, dass zu Beginn des Prozesses der Vorsitzende Richter ganz klar sagt: »Bei einer streitigen Verurteilung liegen wir bei dreieinhalb bis fünf Jahren Haft. Wir könnten uns zum jetzigen Zeitpunkt mit einem frühen Geständnis und dem Umstand, dass das mutmaßliche Opfer dann nicht mehr in den Zeugenstand muss, noch zwei Jahre Freiheitsstrafe auf Bewährung vorstellen.«

Solche Szenarien sind auch für uns Strafverteidiger immer eine äußerst diffizile Situation. Oftmals beteuern Mandanten vehement, stichhaltig und überzeugend, dass sie absolut unschuldig sind. Wie soll man dann einem Mandanten verständlich machen, dass es vom Ergebnis besser sein kann, beispielsweise eine nicht begangene Vergewaltigung zuzugeben? Wir wollen keinen Hehl daraus machen, dass selbst wir schon unschuldigen Mandanten zu Geständnissen geraten haben. Einige Strafverteidiger vertretenen das Credo, dass der Ratschlag zu einem falschen Geständnis ein No-Go ist. Das ist für uns völlig verständlich, denn tatsächlich hinterlässt der Ratschlag bei uns immer ein ungutes Gefühl.

Wir halten es aber letztlich menschlich für unverantwortlich, in Einzelfällen nicht über ein falsches Geständnis nachzudenken, wenn es am Ende den Mandanten auf weiteren Ebenen retten kann. Ein Beispiel: Ein hochsensibler Mandant ist wegen Kindesmissbrauchs angeklagt, den er nach eigenen Angaben aber nicht begangen hat. Da weiß man genau, wenn dieser Mandant hinter Gitter geht, wird er das im übertragenen Sinne »nicht überleben«. Er wird von seinen Mitgefangenen fertiggemacht werden, er wird sich schlimmstenfalls sogar etwas antun, auf jeden Fall wird er niemals auch nur im Ansatz im Gefängnis zurechtkommen.

Natürlich ist der Rat zu einem falschen Geständnis keiner, der einem Strafverteidiger leichtfällt. Die juristisch-gewissenhafte Seite eines Advokaten-Herzens schmerzt danach noch tagelang – das kann man uns ruhig glauben. Aber es ist eine Entscheidung, die in speziellen Fällen sehr wohl abgewogen getroffen werden kann und aus unserer Sicht auch muss, wenn man es mit dem Mandanteninteresse ernst meint, nachhaltig denkt und das Wort Gerechtigkeit auch mal einen Millimeter zurückstellt. Denn was nützt das Streben nach Gerechtigkeit, wenn man genau weiß, dass ein Mandant am Ende ohnehin verurteilt wird, obwohl er wahrscheinlich unschuldig ist, und ihn dies unter Umständen sogar sein Leben kostet?

JUSTIZIRRTÜMER DURCH VERZWEIFLUNGS- ODER NOTLÜGEN

Ein weiterer Grund für Justizirrtümer, die Beschuldigte selbst verursachen, sind Not- und Verzweiflungslügen. Wenn Tatverdächtige versuchen, auf eigene Faust einen Vorwurf durch eine nachweislich gelogene Unschuldsversion zu entkräften, endet das nicht selten als folgenschweres Eigentor. Zwar dürfen Beschuldigte im Grunde ohne Weiteres lügen. Durch eine aufgeflogene Notlüge macht man sich aber erst richtig verdächtig, reitet sich selbst richtig rein. So wie im Fall von Walter.

Walter, zweiundfünfzig Jahre alt, seit fünfundzwanzig Jahren verheiratet, hatte eine extrem gut laufende Firma für Fitnessgeräte, vertrieb diese europaweit und war hierdurch zum Multimillionär geworden. Er war einer der Pioniere in diesem Bereich, praktisch ein Selfmade-Millionär. Er selbst hatte früher zwei Fitnessstudios, mit beiden war er pleitegegangen, dann kam ihm die eine große Geschäftsidee, die letztlich durch die Decke ging.

Mit seiner Ehefrau war zunächst alles gut, sie lernten sich in dem Fitnessstudio kennen, das Walter vor seiner Firma betrieb. Sie war an der Theke beschäftigt, mischte den Kunden Proteindrinks und gab ihnen Power-Riegel, die Walter immer unter der Theke verkaufte. Dort wurden auch Dopingmittel losgeschlagen – damals der eigentliche Verdienst, von dem er sich über Wasser hielt. Als er die Idee zur Gründung einer Firma hatte und diese gleich zu Beginn gut anlief, kam das erste Kind, später noch ein zweites. Seine Ehefrau – ursprünglich sehr sportlich – veränderte sich im Laufe der Jahre und nahm fünfunddreißig Kilo zu. Das passte Walter, der bis heute durchtrainiert ist und auf Sport sehr viel Wert legt, überhaupt nicht. Es musste so kommen, wie es in vielen Ehen kommt: Walter ging fremd. Erst hier, dann dort, gelegentlich ließ er sich auch in dem einen oder anderen Bordell blicken. Mit seiner Frau verband ihn eigentlich nur noch eines, nämlich die Ehe, die Kinder und die Sorge, dass sein mittlerweile angehäuftes Vermögen in Millionenhöhe geteilt werden müsste, weil er keinen entsprechenden Ehevertrag geschlossen hatte.

Walter war so etwas wie der Schürzenjäger der Stadt. Überall, wo er war, grub er Frauen an, vor allem jüngere. Immer wieder gab es auch kürzere Affären, nicht selten kam es den Geliebten mehr auf Walters Vermögen an als auf alles andere. Fuhr er mit seinem knallgelben Lamborghini SUV vor oder mit seinem schwarzen Ferrari, waren viele Damenherzen schnell erobert. Aus all diesen Affären wurde aber nie etwas Vertieftes. Es war immer mal wieder etwas Neues, bis dann im Sommer 2015 eine Bewerbung in seiner Firma einging, mit folgendem Anschreiben:

Lieber Herr Walter (…),
mein Name ist Franziska. Ich bin dreiundzwanzig Jahre jung und Fitnesstrainerin sowie Yoga-Lehrerin. Ich bin begeistert von Ihren Sportgeräten und würde gerne für Ihre Firma arbeiten. In dem Fitnessstudio, in dem ich trainiere, habe ich gute Erfahrungen mit Ihren Geräten gemacht, und ich glaube, mit mir als junger, attraktiver und sportlicher Frau laufen Ihre Geschäfte noch viel besser. Ich könnte beispielsweise die Fitnessstudios der Republik abfahren und dort persönlich ihre Geräte vorstellen. Möchten Sie mich kennenlernen? Ein aussagekräftiges Lichtbild füge ich anbei.
Ich würde mich über einen persönlichen Termin bei Ihnen sehr freuen!
Mit freundlichen Grüßen,
Franziska

Walter checkte die Bewerbungsschreiben immer höchstpersönlich, und so kam es auch – nachdem er das Foto von Franziska gesehen hatte –, dass er sofort zum Hörer griff. Denn auf dem Bild war eine Frau zu sehen, die ohne Weiteres bei Heidi Klums *Germany's Next Topmodel* den ersten Platz belegt hätte: eins siebenundsiebzig groß, äußerst schlank, höchst attraktives Gesicht, lange blonde Haare zum Pferdeschwanz gebunden und sehr elegant und zugleich aufregend in einem Gucci-Kostüm gekleidet. Dazu eine hochwertige Louis-Vuitton-Tasche, ein Diamantenhalsband glitzerte aus dem Dekolleté heraus. Genau Walters Ding. Natürlich erschien Franziska schon am nächsten Tag im Büro.

Als sie in einem kurzen Rock eintrat, fiel Walter fast von seinem Chefsessel. Er hatte schon viele hübsche Frauen gesehen, aber Franziska übertraf optisch alles, was ihm je in seinem Leben begegnet war. Noch am selben Abend suchten die beiden den örtlichen Italiener auf. Alle im Restaurant starrten auf Walters Begleitung, ihm bereitete das großes Vergnügen. Seiner Frau musste klar sein, dass ihr Mann immer wieder Affären hatte. Es wurde ihr auch zugetragen, aber man sprach nie wirklich darüber. Sie genoss ihr Leben in der prunkvollen Villa, die Walter für sie und die Kinder hatte bauen lassen, das war ihr offenbar wichtiger. Jedenfalls: Nach dem Essen und dem einen oder anderen Glas Wein bezahlte Walter, dann fuhr er mit Franziska zusammen im Lamborghini SUV zu einem abgelegenen Ort und hatte den ersten Sex. Walter war danach hin und weg: Eine solche heiße Schnitte – wie er es ausdrückte – hatte er noch nie gehabt.

Franziska wurde am nächsten Tag offiziell eingestellt, wobei noch am Abend zuvor besprochen worden war, dass sie nicht nur die offiziellen 2800 Euro brutto erhält, sondern jeden Monat von Walter noch mindestens 5000 Euro zusätzlich unter der Hand bekommt, von ihm komplett eingekleidet und auf Reisen mitgenommen wird. Das war der Deal zwischen den beiden. Daraus entwickelte sich eine heiße Affäre, die im Sommer und Herbst zu zahlreichen gemeinsamen Auslandsreisen führte: Man kaperte auf Ibiza eine Jacht und verbrachte dort heiße Nächte vor Formentera. Die beiden jetteten auch mehrfach nach London, Franziska erhielt bei jeder Reise Kleidung und Schmuck im Wert von bis zu 20 000 Euro.

Das Geld floss, weil Walter süchtig nach Franziska war. Sie drückte genau die Knöpfe, die er gedrückt haben wollte, und brachte ihn auch sexuell auf eine völlig neue Schiene: Er wurde auf einmal unterwürfig und von Franziska dominiert. Walter war ihr so hörig geworden, dass er sich mehr und mehr veränderte und sich sogar Frauenkleidung anzog, einschließlich Minirock und Strapse, und unter den Augen von Franziska in den Hotelsuiten, die sie auf ihren Reisen bezogen, die Toilette putzte. Er wollte erniedrigt werden – und sie erledigte das mit einer absoluten Professionalität, als ob sie das schon immer getan hätte. Walter hinterfragte ihr Verhalten aber nicht weiter, weil er so gefangen und gefesselt war, dass er alles ausblendete. Irgendwann hatte er gut 300 000 Euro in Franziska investiert und ihr die Welt gezeigt.

Dann aber gab es diese Hotelübernachtung in Frankfurt am Main: Franziska und Walter waren beide angetrunken, nichts Ungewöhnliches. Besonders war allerdings, dass Franziska in der Suite von Walter forderte, er solle ihr kurzfristig eine Million Euro zur Verfügung stellen. Und zwar in bar. Walter dachte zunächst an einen Scherz. Er war ja bislang mehr als großzügig gewesen, jetzt aber ging Franziska einen Schritt zu weit: eine Million Euro in bar? Und das sollte noch nicht alles sein: Sie hatten während ihres Urlaubs auf Ibiza eine hübsche Finka besichtigt, Kostenpunkt: 2,8 Millionen Euro. Auch diese sollte Walter kaufen, und Franziska sollte als Eigentümerin der Immobilie eingetragen werden. Und das möglichst kurzfristig. Franziska hatte dies in aller Deutlichkeit geäußert.

Als Walter am nächsten Morgen aufwachte, hatte er zunächst die Streitgespräche vom Vorabend vergessen. Doch dann tischte Franziska ihm, als sie im Frühstücksraum saßen, ihre Forderungen erneut auf, und Walter drehte sich fast der Magen um. Was war hier gerade los? Worauf hatte er sich da eingelassen? Und warum verlangte sie mit einer solchen Schärfe Vermögenswerte von knapp vier Millionen Euro? Auch wenn Walter so viel Geld hatte – was sie wusste: Das ging nun wirklich zu weit. Wie sollte er derartige Ausgaben auch vor seiner Ehefrau rechtfertigen? Walter hatte Franziska erzählt, dass er verheiratet sei, und für sie war das vollkommen in Ordnung gewesen. Sie hatte gesagt, sie wolle daran nichts ändern, eine Affäre würde ihr reichen, Hauptsache, sie hätten zusammen ein schönes Leben. Jetzt kam das in Walter durch, was ihn in seiner Karriere immer wieder ausgezeichnet hatte: Wenn es hart auf hart kam, wenn es wirklich ans Eingemachte ging, war er seiner Linie immer treu geblieben. Und die zeigte sich darin, dass er standhaft blieb.

Beim Frühstück sagte er zu Franziska: »Du glaubst doch nicht im Ernst, dass du kleine Schlampe von mir auch nur einen einzigen Euro kriegst, geschweige denn ein Grundstück.«

»War das ein Witz?«, erwiderte Franziska erbost. »Überlege dir gut, was du sagst. Du wirst sonst noch merken, was du davon hast.«

»Willst du mir etwa drohen?«

»Versteh es, wie du willst. Du wirst es jedenfalls sehr bereuen, wenn du nicht auf meine Forderungen eingehst!«, erklärte sie schnippisch. »Denk mal an all die Videos, die ich von dir habe, wie du als kleiner Sklave die Toilette sauber leckst und hinterher meinen Urin trinkst! Sehr unschön, wenn sich so was im Netz verbreitet und deine Frau davon erfährt und vor allem deine Geschäftskunden. Der große Walter, der super Fitnessmann, ist tatsächlich ein kleiner Pipi trinkender Sexsklave?!«

Walter reichte es nun endgültig. Er verabreichte Franziska noch am Frühstückstisch eine Ohrfeige. Diese schrie, sprang auf und verließ den Raum. Walter blieb eine Ewigkeit weiter auf seinem Stuhl sitzen. Er bestellte sich eine Flasche Moët & Chandon, noch am frühen Morgen, weil er kaum glauben konnte, was hier gerade passiert war.

Nachmittags hätte er noch einen Geschäftstermin gehabt, aber bereits gegen Mittag bestellte er eine weitere Flasche Moët & Chandon. Flasche um Flasche leerte er, bis er einschlief. Gegen neunzehn Uhr wurde er durch lautes Schlagen gegen seine Hotelzimmertür geweckt: »Polizei – lassen Sie uns rein!« Acht Polizeibeamte standen vor der Suite in dem Luxushotel und hatten einen Durchsuchungsbeschluss für die Räume mit dem herrlichen Blick auf die Skyline von Frankfurt. Walter wusste gar nicht, wie ihm geschah und was der Grund für die Durchsuchung war. Die Polizeibeamten erzählten irgendetwas von Vergewaltigung, und ihm wurde ganz schwarz vor Augen. Das lag zum einen an dem Alkohol, den er getrunken hatte, zum anderen an dem, was er weiter von den Beamten zu hören bekam. Sie erklärten ihm nämlich, dass er vorläufig festgenommen sei und er mit zum Revier müsse, man hätte Fragen an ihn. Zudem würden Kriminaltechniker das Hotelzimmer untersuchen und Spuren sichern.

Es vergingen Stunden, und inzwischen war es weit nach Mitternacht, als Walter – mittlerweile wieder etwas nüchterner – von einer Polizeibeamtin mit den gegen ihn erhobenen Vorwürfen konfrontiert wurde: Franziska war am Mittag zur Polizei gegangen und hatte eine Vergewaltigung angezeigt. Sie hatte dort sinngemäß erzählt, dass sie eine Beschäftigung in Walters Firma angefangen und er ihr immer wieder zu verstehen gegeben hätte, wie toll sie aussehe. Sie hätte ihn anfangs auch auf Reisen begleitet und ihm ein gutes Gefühl geben wollen, ihn aber immer zurückgewiesen. Irgendwann aber habe man eine Affäre angefangen, das Ganze sei über Monate gelaufen. Am Vortag wäre es dann in dem Hotel dazu gekommen, dass man zusammen Champagner getrunken hätte. Walter wäre sichtlich enthemmt gewesen, doch als sie an diesem Abend die Liaison habe beenden wollen, sei die Lage eskaliert. Walter hätte dann angefangen, sie grob anzufassen. Und als sie aus dem Zimmer herauslaufen wollte, hätte Walter sie festgehalten, ihr eine Ohrfeige gegeben und sie aufs Bett geschmissen. Mehrfach hätte sie »Nein«, »Hör auf«, »Ich will nicht …«, »Lass das, denk an deine Frau« gesagt, doch er hätte nicht von ihr abgelassen, sondern das ganze Programm durchgezogen. Er hätte ihr die Kleider vom

Leib gerissen und sie mehrfach vergewaltigt. Auch anal. Sie wäre sprachlos gewesen, regelrecht geschockt über die Brutalität, hätte sich erniedrigt und beschmutzt gefühlt durch das perverse Vorgehen. Insbesondere der Analverkehr, der erste ihres Lebens, habe sie vor Schmerzen schreien lassen. Sie habe alles über sich ergehen lassen müssen, denn man habe sie festgehalten, sie habe sich nicht wehren können. Sie sei diesem durchtrainierten Mann körperlich total unterlegen gewesen. Nachdem er irgendwann aufgehört hat, habe er seinen Arm um sie gelegt und sei eingeschlafen. Sie habe flüchten wollen, allerdings habe sie es aus Angst nicht getan, denn sie sei von ihm bedroht worden: »Wenn du abhaust, werde ich dich plattmachen.« So sei sie bis zum nächsten Morgen bei ihm geblieben und hätte so getan, als wäre nichts passiert. Man sei noch gemeinsam zum Frühstück gegangen. Sie hätte sich wahnsinnig geschämt, sich so schlecht gefühlt und vor sich selbst geekelt. Beim Essen hätte sie ihn gefragt, ob er wisse, was er ihr gestern in seinem alkoholisierten Zustand angetan hätte, daraufhin hätte er ihr ins Gesicht geschlagen. Sie sei daraufhin aufgestanden, sei aus dem Hotel gelaufen und kurz danach zur Polizei gegangen. Tatsächlich gab es zwei Hotelmitarbeiter, die Walters Ohrfeige im Frühstücksraum bestätigten.

All das hielt die Polizeibeamtin Walter vor. Sie meinte, er sei geliefert. Wenn er jetzt gestehe und Franziska ein ordentliches Schmerzensgeld zahle, käme er mit viel Glück mit einer Bewährung davon, ansonsten sei eine Haftstrafe unumgänglich. Walter konnte kaum noch klar denken. Er fürchtete einerseits um seine Ehe, andererseits hatte er Angst vor dem Gefängnis. Aus seiner Sicht hatte er nichts getan, außer, klar, der Ohrfeige im Frühstücksraum. Anscheinend hatte sich aber alles gegen ihn verschworen, und er hatte schon oft gehört, dass vor Gericht, in Aussage-gegen-Aussage-Konstellationen, immer den

Frauen geglaubt wird. Dann tat er das, was er nie hätte tun sollen: Er fing an zu reden und erzählte eine Geschichte, die ebenso wie Franziskas eine aus Tausendundeiner Nacht war. Nein, er hätte niemals Sex mit ihr gehabt, es wäre ein rein berufliches Verhältnis gewesen. Natürlich hätte man sich gut verstanden und an dem Abend sei man alkoholisiert gewesen. Franziska hätte von ihm mehr Lohn gefordert und gesagt, dass sie sonst einfach eine Vergewaltigung erfindet.

Etwas anderes fiel Walter in diesem Moment nicht ein, insbesondere wollte er auf keinen Fall die sexuellen Praktiken, die er mit Franziska durchgeführt hatte, einräumen. Er schämte sich. Er schämte sich insbesondere für die Sado-Maso-Spiele, bei denen er der Sklave war. Und so war Walter regelrecht in die Falle getappt, indem er bei der Polizei jedwedes sexuelle Verhältnis abstritt. Die Beamtin zeigte ihm irgendwann auf dem Bildschirm ihres Computers eindeutige Fotos und auch Sexvideos mit den beiden, wodurch Walters Geschichte natürlich völlig in sich zusammenbrach.

»Nur gut verstanden?«, fragte die Polizeibeamtin. »Ich sehe auf diesem Video, dass Ihre Mitarbeiterin bei Ihnen Oralverkehr durchführt. Das nennen Sie nur gut verstanden?« Der Beschuldigte sagte daraufhin mit hochrotem Kopf gar nichts mehr und beendete die Vernehmung.

Als Walter bei uns Mandant wurde, haben wir ihm verdeutlicht, dass er mit seinem Verhalten sich selbst massiv geschadet hatte. Schon einige Wochen später kam die Anklage wegen Vergewaltigung.

Das Gerichtsverfahren lief dann aber für ihn günstig. Vor der Verhandlung hatte ein von uns engagierter Privatdetektiv recherchieren können, dass Franziska mehrere Jahre als Escort-Dame gearbeitet hatte. Und das zu sehr hochpreisigen Tarifen. Die Nacht kostete bei ihr 2500 bis 5000 Euro. Sie begleitete Geschäftsmänner quer durch Europa und war ein Luxusleben gewohnt. Ihre Spezialität waren dominante Sexualpraktiken Und: Analverkehr. Sie war eines der wenigen Escort-Models, das die gesamte Bandbreite sexueller Vergnügungen anbot.

Als wir diese Informationen von dem Detektiv erhielten, war das natürlich ein Trumpf für die Hauptverhandlung. Zum einen hatte Franziska nie zugegeben, jemals als Escort-Dame gearbeitet zu haben. Zum anderen hatte sie bei der Polizei behauptet, sie hätte den ersten Analverkehr ihres Lebens mit Walter erleben müssen. Franziska blieb in der Hauptverhandlung bei ihrer Opfergeschichte, bis wir unsere Beweise herausholten. Wir hatten unter anderem Screenshots von ihren Anzeigen auf der Webseite der Escort-Agentur. Stichwort: »Analverkehr möglich«.

Franziska wurde immer leiser, als wir sie damit konfrontierten, und sagte, das müsse eine andere Frau sein. Doch als der Richter ihre Profilbilder auf der Webseite in Augenschein nahm, erklärte er, es gäbe ja wohl keinen Zweifel, dass sie es sei, außer der Angeklagte hätte da etwas gefälscht, doch das könne man von einem Sachverständigen überprüfen lassen. Daraufhin räumte Franziska ein, für den Escort-Service tätig gewesen zu sein. Sie habe bei der Polizei wohl etwas übertrieben, das mit dem Analverkehr hätte sie nur angegeben, weil sie so sauer auf Walter gewesen sei. Die Vergewaltigung hätte aber tatsächlich stattgefunden.

Franziska wurde danach aus dem Zeugenstand entlassen. Über den Privatdetektiv hatten wir noch eine andere Escort-Dame ausfindig gemacht. Diese hatte mit Franziska nach der angeblichen Vergewaltigung zusammengearbeitet, ein Geschäftsmann hatte beide Frauen für eine lange Nacht gebucht. Der Privatdetektiv hatte diese Frau dazu gebracht, als Zeugin in dem Fall zur Verfügung zu stehen.

Und so erzählte Franziskas Kollegin im Gerichtssaal: Im Laufe der gemeinsamen Nacht mit dem Geschäftsmann hatte

Franziska ihr anvertraut, dass sie versucht habe, einen Multimillionär auszunehmen. Und als er nicht bei der Bezahlung spuren wollte, hätte sie ihm eine Vergewaltigung angehängt, um ihm mal so richtig eins mitzugeben. Sie spekuliere nun darauf, dass er mit ganz viel Geld um die Ecke biegt, damit sie ihre Anzeige zurücknimmt. Und dann doch das kriegt, was sie ursprünglich gefordert hatte, nämlich mindestens eine Million Euro in bar sowie eine Finca auf Ibiza.

Als diese Dame ausgesagt hatte, bat das Gericht Franziska nochmals in den Zeugenstand: Sie machte nun von Ihrem Auskunftsverweigerungsrecht nach Paragraf 55 der Strafprozessordnung Gebrauch, was so viel hieß wie: »Ich möchte hier nichts mehr sagen, weil ich sonst eine falsche Verdächtigung zugeben müsste.« Walter wurde daraufhin folgerichtig freigesprochen. Der Richter fand am Ende aber noch deutliche Worte: »Was hier gelaufen ist, ist ein Schuss vor den Bug für alle Frauen, die wirklich vergewaltigt worden sind.« Und er machte auch Walter Vorwürfe, bei der Polizei »dummes Zeug« erzählt zu haben, auch wenn ihm dies als Beschuldigter zustehe. Wer aber aus Scham solch einen Unsinn von sich gibt, weil er die Preisgabe sexueller Geheimisse mit einer Affäre fürchtet, der dürfe sich dann auch nicht wundern, dass man sich selbst durch ein derartig abenteuerliches Verhalten verdächtig macht.

Wir möchten gar nicht darüber nachdenken, was passiert wäre, wenn der Privatdetektiv nicht herausgefunden hätte, dass Franziska tatsächlich schon langjährig als Escort-Lady tätig war. Und wenn wir über diese Recherche nicht auch noch ihre Arbeitskollegin gefunden hätten, die sich zu einer ehrlichen Aussage vor Gericht durchrang. Unser dringender Ratschlag daher: Als Beschuldigter verbietet sich gegenüber der Polizei ohne vorherige Beratung mit einem professionellen Strafverteidiger jedes noch so kleinste Wort. Auch wenn man unschuldig ist.

KAPITEL 2

ZEUGEN: EIN MAXIMALES RISIKO FÜR DIE WAHRHEIT

»Wir klären hier einen Sachverhalt auf, bei dem wir maßgeblich auf Ihre Hilfe angewiesen sind. Bitte machen Sie sich also eines klar: Wenn Ihre Aussage falsch ist, ist die Wahrscheinlichkeit sehr groß, dass am Ende auch unser Urteil falsch ist.« So oder so ähnlich ermahnen und belehren hierzulande viele Richter Zeugen kurz vor ihrer Vernehmung über die Verpflichtung zur wahrheitsgemäßen Aussage. Zu Recht. Denn zum Schluss einer jeden Hauptverhandlung beurteilen Strafgerichte nun mal retrospektiv einen Sachverhalt ohne eigene persönliche Wahrnehmung – kein Richter war selbst bei der fraglichen Tat dabei.

Vielen Zeugen ist es aber anscheinend gar nicht bewusst, dass sehr oft winzige Details oder scheinbare Banalitäten zu Stellschrauben für die Entscheidung werden, ob ein Tatverdächtiger verurteilt oder freigesprochen wird. Und am Ende ist jeder einzelne Irrtum eines Zeugen, jede einzelne darauf beruhende Verurteilung eines Unschuldigen für den Rechtsstaat ein Desaster. Für uns als Strafverteidiger steht ohne jeden Zweifel fest: Ein Zeuge birgt das maximale Risiko für die Wahrheit. Man mag es manchmal selbst kaum glauben, wie schnell Erinnerungen verblassen, verzerren oder ganz verloren gehen. Ein Unschulds-Projekt in den USA (»Innocence Project«)

liefert eine beeindruckende Zahl dazu: Anhand nachträglicher DNA-Analysen hat man dort herausgefunden, dass Irrtümer in Zeugenaussagen bei der Identifizierung Verdächtiger (sogenannte Augenzeugen) mit einem Anteil von mehr als 70 Prozent durchschlagen und damit mit weitem Abstand die häufigste Ursache für Fehlurteile in den Vereinigten Staaten ausmachen.

Eine Zeugenaussage gibt in unterschiedlichen Konstellationen, nicht nur in jenen, in denen Aussage gegen Aussage steht, die Richtung vor. Denn es existiert kaum eine strafrechtliche Fallkonstellation, die man allein anhand objektiver Beweismittel – wie zum Beispiel Briefe oder Videos – abschließend entscheiden kann. Zeugen sind am Ende fast immer das berühmte Zünglein an der Waage.

Wie hoch der potenzielle Beweiswert von Zeugen eingeschätzt wird, kann man hervorragend gerichtlichen Ladungsplänen entnehmen. Wenn ein Strafverteidiger vom zuständigen Gericht eine Ladung zu einem Hauptverhandlungstermin erhält, nimmt die Zeugenliste nicht selten einen Großteil der Mitteilung ein:

LADUNG

Sehr geehrter Herr Rechtsanwalt,

in der Strafsache gegen (…)
wegen versuchten Mordes u. a. werden Sie auf Anordnung des Gerichts als Verteidiger des/der Angeklagten zur Hauptverhandlung geladen.

Der / die Termine/e findet/n statt am   *(…)*

Mit folgenden Fortsetzungsterminen   *(1) (2) (3) (…)*

Zu den folgenden Terminen werden die Zeuginnen und Zeugen sowie Sachverständigen wie folgt geladen:

Termin 1:

09:00 Uhr	(Name), SV* 1
09:00 Uhr	(Name), SV* 2
09:00 Uhr	(Name), SV* 3
09:00 Uhr	(Name), KHK**, Zeuge 1
09:20 Uhr	(Name), PK***, Zeuge 2
10:00 Uhr	(Name), Zeuge 3
11:40 Uhr	(Name), Zeuge 4
12:05 Uhr	(Name), Zeuge 5

Termin 2:

09:00 Uhr	(Name), SV* 1
09:00 Uhr	(Name), SV* 2
09:00 Uhr	(Name), SV* 3
09:00 Uhr	(Name), POK****, Zeuge 5**
09:40 Uhr	(Name), Zeuge 6
10:30 Uhr	(Name), Zeuge 7
11:55 Uhr	(Name), Zeuge 8

Termin 3:

13:00 Uhr	(Name), Zeuge 9
13:45 Uhr	(Name), Zeuge 10
14:15 Uhr	(Name), Zeuge 11
14:30 Uhr	(Name), Zeuge 12

Zu den Abkürzungen:
* Sachverständige/-r
** Kriminalhauptkommissar
*** Polizeikommissar
**** Polizeioberkommissar

Die Gerichtsbesetzung wird Ihnen später mitgeteilt.

Am Eingang des Gerichts finden Einlasskontrollen statt. Dort können Wartezeiten entstehen. Richten Sie sich bitte darauf ein, damit Sie rechtzeitig im Gerichtssaal sein können.
Hochachtungsvoll
(...)

Gerichte laden in der Regel eine Vielzahl von Zeugen. Sie bilden die Basis für die Anklage – man könnte auch »Ermittler-Wahrheit« sagen – und das spätere Urteil, die juristische Wahrheit.

Unsere Erfahrung aus der täglichen Praxis ist allerdings die: Sehr viele Zeugen lügen, dass sich die Balken biegen. Auch solche, von denen man das gemeinhin nicht erwartet. Falsche Verdächtigungen haben nach unserer Wahrnehmung bei Gericht Hochkonjunktur. Viel problematischer als bewusst lügende Zeugen vor Gericht sind jedoch solche, die versehentlich falsche Aussagen machen. Denn: Nichts ist irrtumsanfälliger als das menschliche Gedächtnis. So manch ein Zeuge möchte die Wahrheit sagen, doch sein Gedächtnis streikt beziehungsweise lässt ihn dabei im Stich.

Jeder kann sich an dieser Stelle selbst einmal auf seine Tauglichkeit als Zeuge überprüfen. Es heißt, dass unser Kurzzeitgedächtnis offenbar nur Erinnerungen aus der letzten halben Minute wirklich speichert. Herausgefiltert und gelöscht wird angeblich permanent, was nicht akut wichtig erscheint. Selbst Geschehnisse vom gestrigen Tag fallen einem mitunter nicht mehr ein. Experten sprechen in diesem Zusammenhang von Veränderungsblindheit. Viele merken bei der ständigen Ablenkung durch immer Neues oft nicht einmal, dass der Partner oder die Partnerin beim Friseur war. Und dann stelle man sich vor, dass man ein Monate, teils gar

Jahre zurückliegendes Ereignis, beäugt von einem Vorsitzenden Richter, einem Staatsanwalt und einem Strafverteidiger, minutiös rekapitulieren soll. Wahrscheinlich gerät da so gut wie jeder ins Schwitzen, wenn er im Zentrum eines riesigen Gerichtssaals von allen Seiten wild mit Fragen bombardiert wird.

Über die Dimension des immens hohen Anteils an bewusst oder unbewusst die Unwahrheit sagenden Zeugen sind sich selbst viele Richter nicht im Klaren. Tagein, tagaus bekommen sie von Zeugen Unwahrheiten aufgetischt. Das gilt auch für eine Spezies, die regelrechter Zeugen-Dauergast vor Gericht ist: Polizeibeamte. Über die halten fast alle Richter gefühlt ihre schützende Hand. Wir sagen es ganz klar: Auch Polizisten lügen vor Gericht teilweise wie gedruckt. Selbst wenn es viele Richter kaum glauben mögen. Eine Uniform erhebt jemanden nicht per se auf ein anderes Level, schon gar nicht in einen Status der Unfehlbarkeit. Die »uniformierte Fallkonstruktion« – ein Beamter schlägt zu, der andere versucht, ihn mit Lügen rauszuhauen – haben wir gefühlt schon in mehreren Hundert Fällen mit Blaulicht-Beteiligung erlebt.

Nicht weniger häufig bekamen wir in einem Gerichtssaal vom Richterpult aber auch folgende formelhaft anmutende Belehrung zu hören: »Lieber Angeklagter, der Polizeibeamte hat doch gerade eindeutig ausgesagt. Welches Motiv sollte denn dieser Mann haben, etwas Unwahres zu sagen? Der Beamte kannte Sie bis zu dem Einsatz doch überhaupt nicht. Und Sie wollen mir hier erklären, dass der Mann lügt?«

Dass Angaben, die Schilderungen von Polizisten widersprechen, fast ausnahmslos angezweifelt werden, liegt anscheinend an einem wirkmächtigen Pro-Polizei-Mythos. Wer mit offenen Augen durch die Welt geht, merkt hingegen schnell, wie verzerrt dieser ist. Wer diesem Mythos blind folgt, riskiert sehenden Auges Fehlurteile. Die tatsächliche

Wahrheit bleibt dann zugunsten einer Pseudo-Wahrheit auf der Strecke. Das gilt natürlich auch abseits der Polizei. Mit den nachfolgenden Fällen wollen wir die Bandbreite der wohl häufigsten Ursache hierzulande für Fehlurteile, nämlich unrichtige Zeugenaussagen, veranschaulichen.

FALSCH VERDÄCHTIGT – LÜGENDE ZEUGEN

Gerät ein durchschnittlicher Bürger unter Verdacht, eine Frau vergewaltigt zu haben, urteilt die breite Masse sehr schnell: Schuldig! Schwanz ab! Wegsperren – das Schwein! Die Möglichkeit, dass die Vorwürfe auf einer falschen Verdächtigung beruhen, wird mehr oder weniger ausgeblendet. Ganz anders läuft das, wenn einem männlichen Prominenten sexuelle Gewalt vorgeworfen wird. Das Stichwort »falsche Verdächtigung« gewinnt dann in der Öffentlichkeit sehr häufig rasant an Bedeutung. Es wird rauf und runter diskutiert, und es bilden sich Lager. Man denke hier an die Fälle Amber Heard vs. Johnny Depp oder Cristiano Ronaldo vs. Kathryn Mayorga oder auch Jörg Kachelmann vs. Claudia D.

Nach unserer Wahrnehmung sind falsche Verdächtigungen alltäglicher Standard. Angebliche Opfer sind in diesen Konstellationen die wahren Täter, angebliche Täter in Wahrheit die Opfer. Unschuldige Menschen werden auf der Basis von Falschbelastungen bloßgestellt, stigmatisiert (im Beruf und/oder im Privatleben), verhaftet, schlimmstenfalls sogar verurteilt und weggesperrt. Mal steckt Rache dahinter, mal Liebeskummer, mal gekränktes Ehrgefühl, verletzter Stolz, Neid, Missgunst oder Eifersucht. Und so manch eine Lüge beruht auf Egoismus und Bequemlichkeit.

DUELL ZWEIER TODFEINDE - RACHE, MACHT- UND MUSKELSPIELE

Die zwei Männer, die sich im Dezember 2022 im Schöffengericht von Düsseldorf mit stechenden Blicken geradezu töteten
wie zwei Duellanten im Morgengrauen, waren einst enge
Geschäftsfreunde. Zum Schluss verband sie aber nur noch
eine abgrundtiefe Feindschaft. Auf der einen Seite saß Donis A.,
Rotlicht-König und Inhaber eines gastronomisch-vergnüglichen
Firmenimperiums. Hafterfahren, weil vor Jahren einer der
ganz großen Strippenzieher im europaweiten Fußball-Wettskandal. Auf der anderen Seite: Ahmet K., seines Zeichens
früherer Casinobetreiber und Mitglied eines Familienclans,
der mit manipulierten Geldautomaten viele Millionen Euro
aus Spielhallen unversteuert am Staat vorbeigeschleust haben
soll. Ein Mann mit erkennbar unstillbarem Hang zu Protz
und Bling-Bling.

Es war im März 2020, als Ahmet K. in einer anderen Sache
zu einer Zeugenvernehmung beim Landeskriminalamt erschienen war – und dabei eine »Bombe« platzen ließ. Er gab
kund, er sei Opfer einer perfiden Foto-Falle mit anschließender
Erpressung durch eine Rotlicht-Größe geworden und habe
zum Schutz seiner Ehe buchstäblich ein weiteres Mal die Hosen
runterlassen müssen, also 100 000 Euro hingelegt. Ahmet K.
hatte gegenüber den sehr interessierten Ermittlern behauptet,
dass er nach zwei Jahren des Schweigens nun nicht mehr
dieses Geheimnis zurückhalten könne. Mit dieser Aussage
belastete er seinen ehemals guten Kumpel, den Rotlicht-König
Donis A., schwer.

Allein bei dem Namen Donis A. dürften den Ermittlern
die Ohren geklingelt haben. Dessen dunkle Vergangenheit
war nämlich bestens bekannt. Wir hatten ihn bereits bei dem
sogenannten Fußball-Wettskandal verteidigt. Damals soll er
als kaltblütiger und rücksichtsloser Kredithai aufgetreten sein.

In Mafia-Manier soll er säumige Zocker auch schon mal verschleppt haben, um sie stundenlang nackt an einen Stuhl zu fesseln und brutal verprügeln zu lassen.

Und nun, im Frühsommer 2018, soll Donis A. angeblich versucht haben, Ahmet K. auszunehmen, indem er ihn perfide und abgedroschen mit Sexvideos aus seinem Rotlicht-Tempel, einem Sauna-Club, erpresste. Er sei damals mit zwei Freunden und einer Frau in dem Etablissement von Donis A. gewesen, so Ahmet K. Zuerst habe man an der Theke der Rotlicht-Bar gefeiert und getrunken. Dann soll Donis A. die Gruppe gemeinsam mit einer Prostituierten in eine Luxussuite geleitet haben. Was niemand ahnen konnte: Der Gruppensex in dem Bordell soll dort von einer Deckenkamera heimlich gefilmt worden sein. Als Ahmet K. wenige Tage später erneut in dem Etablissement aufgetaucht sei, soll Donis A. ihn beiseitegenommen, ihm auf seinem Handy Auszüge des pikanten Sexfilms vorgespielt und 200 000 Euro Schweigegeld verlangt haben. Wenn er nicht zahle, wollte Donis A. die Ehefrau von Ahmet K. informieren. Dass das sein Ehe-Aus bedeuten würde, sei ihm ja wohl bewusst. Wenige Tage später habe Ahmet K. dann zähneknirschend 100 000 Euro in Fünfzigeuroscheinen an Donis A. bezahlt. Auf diese Fünfzig-Prozent-Reduzierung habe sich der Rotlicht-König angeblich eingelassen.

Weil Donis A. zu den Erpressungsvorwürfen von Anfang an geschwiegen hatte, übernahm die Staatsanwaltschaft die Angaben von Ahmet K., befand sie unterm Strich als glaubhaft und erhob Anklage. Dass die Polizei den Sauna-Club damals mit einem Großaufgebot durchsucht, aber nichts Verdächtiges gefunden hatte, wurde zur Nebensache. Es sollte offensichtlich allein auf einen Zeugen ankommen, der behauptet hatte, von Donis A. eiskalt erpresst worden zu sein

»Besonders schwere Erpressung« – so lautete die Anklage, die schließlich im Dezember 2022 am Schöffengericht gegen

Donis A. verlesen wurde. Der Rotlicht-König hatte sich die Belehrungen und Vorwürfe erst seelenruhig angehört, dann mit nur fünf Wörtern, jeweils unterbrochen von minimalen Pausen, kühl gekontert: »Nicht. Ein. Wort. Davon. Stimmt!« Später erzählte er den Richtern: Ja, er kenne das vermeintliche Erpressungsopfer schon seit einigen Jahren. Und ja, man habe sich eine Zeit lang auch einigermaßen gut verstanden. Ahmet K. habe damals den Kontakt zu ihm gesucht. Zunächst als normaler Freier in seinem Bordellbetrieb. Dann habe man sich aber mal privat getroffen, sei ausgegangen. Auch die Familien hätten sich gut verstanden. Eines Tages habe der Casinobetreiber ihm einen gut gemeinten Hinweis gegeben: Er hätte aus sicherer Quelle erfahren, dass Fahnder gegen Donis A. ein »dickes Ding« vorbereiten. Daher könnte es besser sein, wenn er für einige Monate in seine Heimat Türkei abtauche, bis wieder Gras über die Sache gewachsen sei.

Donis A. folgte dem Rat, wie er weiter berichtete. Er verschwand in die Türkei, musste aber nach seiner Rückkehr erfahren, dass Ahmet K. in seiner Abwesenheit mehrfach versucht haben soll, ihn aus seinem Rotlicht-Imperium zu drängen, ihm für »Peanuts« seinen geliebten FKK-Club abzujagen. Die gebotene Summe von 30 000 Euro, so Donis A., sei geradezu lächerlich gewesen. »Mein Nachtclub ist sicher zwanzig Millionen Euro wert.« Was er aber auch einräumte: Er habe Ahmet K. für die versuchte feindliche Übernahme bestraft, indem er ihn anonym bei der Steuerfahndung angeschwärzt habe. Er habe damals von der Spezial-Software auf dem Laptop eines der Familienmitglieder gewusst, mit der es möglich war, technische Aufzeichnungen von Geldspielgeräten in den zahlreichen Spielhallen des K.-Clans zu manipulieren. Hierdurch soll die Familie von Ahmet K. einen Steuerschaden von fast fünfzig Millionen Euro verursacht haben. Ohne die Strafanzeige gegen Donis A. wäre die Betrugsnummer des Familienclans wahrscheinlich nie herausgekommen. »Und nun, Herr Richter«, sagte Donis A., »nun kennen Sie auch das Motiv für diese erfundene Erpressung. Er wollte mir nachträglich für den Verrat einen einschenken.«

Im Gerichtssaal hatten sich wohl alle darauf eingestellt, dass Ahmet K. nun als Opferzeuge seine eigene Erpressungsversion stützen würde. Doch es kam anders. Der Casinobetreiber legte einen schaurigen Zeugenauftritt hin, verwickelte sich mehr und mehr in Widersprüche, konnte letztlich noch nicht einmal angeben, ob die vermeintliche Erpressung im Sommer oder im Winter stattgefunden hatte. Auch die Szenen auf dem angeblichen Sexvideo konnte er nicht mehr beschreiben. Das Schöffengericht war am Ende von dem Belastungszeugen alles andere als überzeugt – und sprach unseren Mandanten Donis A. vom Erpressungsvorwurf frei.

Selbst die Staatsanwaltschaft war mit Blick auf die haltlosen Verdächtigungen von ihrer Anklage abgerückt. Ob es die behaupteten Videoaufnahmen aus dem Etablissement je gegeben hat, beurteilte das Gericht als höchst zweifelhaft. Die Nachteile, die der Rotlicht-König erlitt, waren keinesfalls gering. Die Staatsanwaltschaft hatte bei der Razzia eine Luxusuhr und einen Bentley beschlagnahmt, außerdem zeitweise seine Konten gesperrt. Hinzu kam die Rufschädigung durch die auch in den Medien breitgetretene Durchsuchung seines Etablissements. Und der Bentley wurde erst nach Abschluss des rechtskräftigen Freispruchs herausgegeben.

EIN SCHWERER RUCKSACK – WENN GEKRÄNKTER STOLZ DIE FANTASIE BEFLÜGELT

Es war am 4. November 2021, als auf der Polizeiwache im verträumten Waiblingen plötzlich die Tür aufging und eine sichtbar aufgeregte Frau eintrat. »Ich muss Ihnen etwas über einen gewissen Ali erzählen. Es geht um Drogenhandel im ganz großen Stil«, sagte sie hastig. Der Beamte informierte die Kriminalpolizei und schickte Jenny erst einmal nach Hause. Wenig später stand ein Kripobeamter vor ihrer Tür. Dabei übergab sie ihm einen bräunlichen Stein – augenscheinlich Heroin.

Am Folgetag erstattete Jenny auf der Polizeiwache Anzeige. Im Herbst 2021, so die Achtundvierzigjährige, habe sie beim Aufräumen in ihrer Wohnung auf ihrem Schlafzimmerschrank einen Rucksack entdeckt. Darin hätten sich neben Drogenutensilien wie Messbecher, Verschlusstüten und eine Feinwaage auch mehr als 200 Gramm einer braunen Masse befunden, eingewickelt in einer Plastikfolie. Außerdem habe sie eine zahnpastaähnliche Substanz und ein weiß-rotes, zuckerähnliches Pulver in einem Frühstücksbeutel entdeckt. Sie habe sofort an Drogen gedacht. Da sie mit Rauschgift noch nie etwas zu tun gehabt hätte, habe sie panische Angst bekommen. Aus diesem Grund hätte sie den Klumpen mit einem Hammer und einem Messer zerkleinert und in einer Auffahrt zur B 29 Richtung Schorndorf aus dem Autofenster geworfen.

Ein kleines Stück der Masse habe sie behalten, als Beweisstück. Den Rucksack samt Inhalt habe sie in der Mülltonne verschwinden lassen, er könne nur ihrem Ex-Nachbarn Ali gehört haben. Der habe ihr auch schon erzählt gehabt, dass er in den Niederlanden wegen Drogen im Gefängnis gesessen hätte. Auch habe sie, das falle ihr jetzt gerade ein, Ali in ihrem Auto mehrmals nach Dortmund, Frankfurt und Stuttgart gefahren, wo man zusammen in türkischen Restaurants gegessen und er mit Unbekannten ominöse Päckchen ausgetauscht habe. Ali habe sie im August 2020 zuletzt in ihrer Wohnung besucht und den Rucksack bei dieser Gelegenheit offenbar unbemerkt auf dem Schrank deponiert.

Dann sei Ali in die Türkei gereist. Über mehrere Wochen hinweg habe sie hin und her überlegt, wie sie sich verhalten solle, habe einfach nicht gewusst, was zu tun sei. Dann aber habe Ali ihr die Entscheidung mehr oder weniger abgenommen. Er habe nämlich angerufen, und nachdem sie ihm von ihrer Entdeckung mit dem Rucksack erzählt habe, habe er ultimativ von ihr gefordert, dass sie ihm entweder den Block aus dem Rucksack oder 3000 Euro geben müsse. Es sei nicht sein Block gewesen, und mit den Leuten, denen er gehört, sei nicht zu spaßen. Er werde ihr deshalb einen Kurier schicken, der das Zeug oder die Kohle abholen würde.

Bis Ali festgenommen werden konnte, gingen noch einige Monate ins Land, genau genommen bis Juli 2022. Es war zwischenzeitlich ein Haftbefehl erlassen worden, und als er am Flughafen Stuttgart kontrolliert wurde, gab es einen Suchtreffer. Weitere drei Monate später erhob die Staatsanwaltschaft Anklage, im Januar 2023 kam es schließlich nach sechs Monaten U-Haft in Waiblingen zum Prozess. Ali beteuerte sofort seine Unschuld. Angeklagt war er wegen Drogenhandel mit 228 Gramm Heroin. Jenny hatte zwar nur neun Gramm an die Polizei übergeben, aus dem Telefonat mit Ali habe sich aber ergeben, dass der Ursprungsblock 228 Gramm gewogen habe.

Nach Alis Angaben bestand der Zweck des Anrufs bei Jenny aber allein darin, das Liebesverhältnis mit ihr endgültig zu beenden und ihr klarzumachen, dass er sich entschieden habe, bei Frau und Tochter in der Türkei zu bleiben. Mit dem Heroin habe er nichts zu tun. Jenny sei seine Geliebte gewesen. Zweimal habe sie ihn sogar in der Türkei besucht. Das bestätigte auch die extra zum Gerichtstermin aus der Türkei angereiste Ehefrau von Ali. Jenny hingegen widersprach einem Liebesverhältnis, betonte immer wieder, es sei eine rein platonische Freundschaft gewesen. Sie wich aber den Nachfragen aus und verstrickte sich in Ungereimtheiten. Gewohnt habe sie in der Türkei in einem Hotel, und Ali sei sie rein zufällig begegnet. Den Hotelnamen habe sie aber vergessen. Als wir für unseren Mandanten Ali Beweise vorlegten, dass Jenny in Alis Haus in der Türkei gewohnt und sich dort sogar Schönheitsbehandlungen auf Alis Kosten unterzogen hatte, brach ihr Lügenkonstrukt endgültig zusammen. Unsere Nachfragen wollte sie nicht mehr beantworten, ihre zahlreichen Widersprüche erklärte sie mit einem Erinnerungsverlust nach einem angeblichen Verkehrsunfall.

Der Vorsitzende des Schöffengerichts erklärte in der Urteilsbegründung:»An der Aussage der Belastungszeugin haben wir nicht nur kleine, sondern große Zweifel.« Unser Mandant wurde freigesprochen, der Haftbefehl wurde aufgehoben, Ali konnte das Gerichtsgebäude in Begleitung seiner angereisten Familie als freier Mann verlassen.

Trotz zahlreicher Polizeivernehmungen hatte kein einziger Polizeibeamter je Zweifel an den Angaben von Jenny geäußert. Niemand hatte beispielsweise zu der Stelle, wo Jenny die Drogen angeblich aus dem Fenster geworfen hatte, einen Drogenspürhund hingeschickt. Es gab auch keine einzige Spurenuntersuchung am »Tatort«. Auch wurden Jenny und ihr Umfeld nicht beleuchtet, ob sie vielleicht in der Vergangenheit schon mit Betäubungsmitteln zu tun hatten. Die Polizei hatte mehr als schlampig gearbeitet und dadurch einen Unschuldigen monatelag hinter Gitter gebracht. Das Motiv für Jennys Lügengeschichte liegt auf der Hand: Rache. Sie wollte aus gekränktem Stolz Ali einen reinwürgen, weil er ihr am Telefon den Laufpass gegeben und sich für seine Ehe entschieden hatte.

WENN EGOISMUS DAS GEWISSEN AUF NULL SCHRUMPFEN LÄSST

Dass die Aussicht auf finanzielle Vorteile aus einem Menschen einen gewissenlosen Lügner machen kann, beweist auf beeindruckende Art und Weise der Fall einer Rollstuhlfahrerin aus dem Ruhrgebiet. Unsere Mandantin war im März 2022 in ihrem Rollstuhl in einem Aldi-Markt von einem Detektiv angesprochen und mit dem Vorwurf eines Ladendiebstahls überzogen worden. Der Detektiv forderte die Frau auf, ihn in einen Nebenraum zu begleiten, kramte aus dem Korb des Rollstuhls einen weißen Beutel, fischte daraus zwei kleine Chipstüten »Funny Frisch«, Knoblauch-Dragees sowie eine Milchschnitte, bäumte sich vor ihr auf und soll sich gebrüstet haben: »Das nennt man dann wohl auf frischer Tat ertappt.« Der Wert der angeblichen Diebesbeute: 6,96 Euro. Dass unsere Mandantin noch im Laden auf ein Missverständnis verwiesen und erklärt hat, dass sie die Waren kurz zuvor in einem nahen Netto-Markt gekauft habe, nahm ihr niemand ab. Denn: Einen Kaufbeleg von Netto hatte die Rollstuhlfahrerin nicht sofort präsent.

Die Polizei wurde gerufen, eine Strafanzeige schriftlich eingebracht. Im Verlauf der Ermittlungen schwor der Detektiv: »Ich habe genau gesehen, wie die Frau die Sachen bei uns im Markt eingesteckt hat.« Die Polizei sandte der bislang noch nie mit dem Gesetz in Konflikt gekommenen Mandantin einen Anhörungsbogen per Post zu. Darin die Aufforderung um detaillierte Schilderung des Vorgangs. Die Mandantin kam in unsere Kanzlei, und wir beantragten Akteneinsicht bei der Staatsanwaltschaft. Zwischenzeitlich hatte die Mandantin einen Kaufbeleg für das vermeintliche Diebesgut ausdrucken lassen. Tatsächlich bewies dieses Duplikat der Quittung, dass die Mandantin etwa dreißig Minuten vor Betreten des Aldi-Markts in der Netto-Filiale Chips, Dragees und Milchschnitte gekauft hatte. Die Staatsanwaltschaft bot uns mit Übersendung der Akte an, das Strafverfahren gegen unsere Mandantin gegen Zahlung einer Geldauflage in Höhe von 150 Euro wegen Geringfügigkeit einzustellen.

Dieses Angebot lehnten wir ab und schilderten den wahren Sachverhalt unter Übersendung des Netto-Kassenbons. Das Strafverfahren wurde folgerichtig ohne Auflage eingestellt. Der Vorgang ist aber alles andere als spurlos an der Rollstuhlfahrerin vorbeigegangen: Sie leidet bis heute unter der nachweislich falschen Anschuldigung des Detektivs, eine Ladendiebin zu sein. Insbesondere die Peinlichkeit, vor anderen Kunden, teils auch Nachbarn, wie eine Kriminelle behandelt worden zu sein, setzt ihr psychisch enorm zu. Sie ist in therapeutischer Behandlung und traut sich nicht mehr, alleine einkaufen zu gehen. Zu groß ist die Angst, dass sie nochmals Opfer einer falschen Verdächtigung werden könnte.

Fakt ist: Die Netto-Quittung hat den Ladendetektiv als Lügner überführt. Denn er hatte immerhin behauptet, alles genau gesehen zu haben. Sein Motiv liegt im Grunde auf der Hand: finanzielle Vorteile. Der Mann hatte anscheinend überhaupt kein schlechtes Gewissen und es offensichtlich auf die Fangprämie abgesehen, wollte 100 Euro zusätzlich einstreichen und sich bei seinem Arbeitgeber durch einen erfolgreichen Einsatz hervortun. Was in einem skandalösen Vorwurf endete, der eine völlig unbescholtene, schwerbehinderte Frau zu einer Ladendiebin stempelte.

AUS BEQUEMLICHKEIT GESCHICHTEN ERFINDEN

Ein weiteres Motiv für folgenschwere Lügengeschichten kann auch Bequemlichkeit eines Zeugen sein. Schluss mit dem lästigen Pendeln zur Arbeit, rein in die Komfortzone: Dieser lang ersehnte Wunsch brachte die Auszubildende Valentina eines Tages auf eine verhängnisvolle Idee. Die junge Frau hängte einem Arbeitskollegen angebliche sexuelle Belästigungen an. Aus Frust über ihre stundenlangen Anfahrten zur Arbeit und wieder zurück nach Hause. Valentina wohnte in Essen, ihre Ausbildungsstelle im Supermarkt war allerdings in Dortmund. Sie musste jeden Morgen um 4:30 Uhr aufstehen, um mit Bus und Bahn zu ihrer Ausbildungsstätte zu kommen – das stank ihr. Noch weniger gefiel ihr aber, dass sie bei ihrem Chef mit einem Versetzungswunsch in eine Filiale der Supermarktkette in ihrer Stadt abgeblitzt war.

»Das Leben ist kein Wunschkonzert. Da musst du durch.« Mit diesen Worten hatte der Vorgesetzte wohl Valentinas Traum damals zerplatzen lassen. Aber nicht mit mir, hatte sich die Auszubildende gedacht. Und erfand kurzerhand eine haarsträubende Geschichte. Ingolf, der Leiter der Fleischabteilung, musste darunter leiden. Ihm band Valentina bei der Polizei ans Bein, ihr im Lager des Supermarkts mehrfach auf die Pelle gerückt zu sein, ihr beim Vorbeilaufen durch die Obst- und Gemüseabteilung immer wieder fest an den Po gegrapscht zu haben. Ingolf war entsetzt, bestritt die Vorwürfe vehement, beteuerte, das Mädchen nie berührt zu haben. Da auch Ingolfs Ehefrau Uschi im selben Lebensmittelgeschäft arbeitete, war sein Argument: »Wie blöd müsste ich denn bitte schön da sein, um praktisch vor den Augen meiner Frau ein junges Mädchen zu befummeln?«

Um Anklage und Gerichtsprozess kam er dennoch nicht herum. Auch hier hatte die Staatsanwaltschaft in einem ersten Reflex die belastende Aussage einer Zeugin sogar über ein vermeintliches Tatvideo gestellt. Erst im Gerichtsprozess wurde deutlich, dass Valentina sich die Geschichte nur ausgedacht hat. Das Video war zwar ein Beweisvideo, jedoch nicht be-, sondern entlastend. Auf ihm war nämlich zu sehen, dass Ingolf sich beim Vorbeigehen extra schmal gemacht hat, um an der jungen Kollegin vorbeizukommen. Vor Gericht wurde Ingolf schließlich von dem Vorwurf, ein Grapscher zu sein, freigesprochen. An der Richtigkeit der Aussage der Auszubildenden gab es laut Urteil »ganz, ganz erhebliche Zweifel«. Übersetzt: Valentina hat gelogen. Und doch hatte sie schon zuvor ihr eigentliches Ziel erreicht: Sie wurde versetzt. Denn nach Bekanntwerden der Vorwürfe wollte man ihr ein Weiterarbeiten mit dem angeblichen Grapscher Ingolf nicht mehr zumuten. Und: Ihre falsche Verdächtigung wurde nicht einmal bestraft. Zwar hatten die üblen Lügen unserem Mandanten Ingolf stark zugesetzt. Allein die jahrelange Wartezeit bis zum Abschluss des gegen ihn laufenden Strafverfahrens war für ihn eine so große Qual, dass er mit der Sache nur noch abschließen wollte und keinen Strafantrag gegen Valentina stellte.

Das Strafverfahren beschäftigt Ingolf gleichwohl bis heute. »Mit der Zeit wurde ich immer unruhiger, nervöser, körperlich und seelisch. Ich konnte nachts nicht schlafen, habe Beruhigungstabletten genommen, Ärzte aufgesucht«, berichtete er. Der Druck sei immer größer geworden. Selbst der Freispruch war am Ende für Ingolf keine wirkliche Erlösung: »Im Markt haben meine Kollegen trotzdem alle getuschelt, nach dem Motto: ›Auf hoher See und vor Gericht … Wer weiß, ob an den Vorwürfen Valentinas nicht doch etwas dran war.‹« Zum Glück hatte seine Ehefrau immer an ihn und seine Unschuldsbeteuerungen geglaubt. Beide kündigten nach dem Freispruch ihre Stellen und wechselten in einen anderen Supermarkt, weil sie das Getuschel nicht mehr ertragen und einen Neuanfang starten wollten. Man mag es kaum glauben, welch dramatische Konsequenzen eine billige, plumpe Lüge aus Bequemlichkeit anrichten kann.

FALSCH VERDÄCHTIGT – DURCH ZEUGEN MIT ZWEI GESICHTERN

Manchmal sind auch Zeugen die wahren Täter und wollen durch ein Lügenmärchen einen Verdacht von sich auf andere lenken. Dass es ein Wolf im Schafspelz mitunter ganz weit bringen kann, haben Literaten, Maler und Filmemacher mehrfach gezeigt. In einem Gerichtsverfahren um eine Serie von heimlich abgefischten Paketen in der Filiale eines Versandunternehmens entpuppte sich auch ein Zeuge als Wolf im Schafspelz. Auch unsere Mandantin hatte bis zu ihrer fristlosen Kündigung in dieser Filiale gearbeitet. Zu Dienstzwecken besaß sie einen Transponder, das ist eine Art elektronischer Schlüssel, mit denen Mitarbeiter jederzeit Zutritt zu den Filialen erhalten. Der Transponder hatte einen Code. Damit wählte sich die jeweilige Person im Fall der Fälle ein. Bei einem Zutritt außerhalb der Geschäftszeiten wurde die Alarmanlage durch den Transponder unscharf geschaltet. Dass in Servicestellen von Paketunternehmen viel zu holen ist, ist in kriminellen Kreisen hinlänglich bekannt. Hunderte werthaltige Pakete lagern dort, insbesondere Handys, Tablets und andere Sendungen mit teurem Inhalt verschwinden immer mal wieder.

In der Filiale unserer Mandantin nahm die Zahl der Meldungen von Empfängern, die unruhig auf ihre werthaltigen Sendungen warteten, im Januar 2022 schlagartig zu. Und fast immer war zum Zeitpunkt des Verschwindens der Päckchen die Filiale mit dem Transponder 3807 geöffnet worden – dem Transponder unserer Mandantin. Die Mitarbeiterin war zu diesem Zeitpunkt aber bereits seit zwei Monaten gekündigt worden. Nachweislich hatte sie ihren Transponder auch bereits abgegeben. Im März 2022 erschien der Regionalleiter des Unternehmens bei der Polizei und bestätigte als Zeuge, dass es bereits in der Vergangenheit auffällige Verlustmeldungen von Paketen gegeben hätte. Der Schaden sei inzwischen auf fast 15 000 Euro angelaufen. Fast immer sei dabei der Transponder der Mandantin eingeloggt gewesen. Außerdem teilte der Regionalleiter mit:

Die Krankmeldung der ehemaligen Mitarbeiterin erfolgte ab 09.10.2021 bis zum Ausscheiden aus dem Betrieb zum 30.11.2021 (durch mich gekündigt).
Im Zeitraum 02.11.2021 bis 31.01.2022 taucht die Transpondernummer 3807 in der vorliegenden Liste sehr häufig im Zusammenhang mit Unscharf- bzw. Scharfschaltungen der Alarmanlage auf.
Den Schlüsselbund der Filiale und einen Transponder gab die ehemalige Mitarbeiterin am 20.01.2022 ab. Die sehr spät nach dem Ausscheiden aus dem Betrieb erfolgte Schlüsselrückgabe wurde mit den zuvor langwierigen Erkrankungen und einem daran anschließenden Familienbesuch der ehemaligen Mitarbeiterin im Ausland begründet.

Zum Schluss seiner Zeugenvernehmung unterschrieb der Filialleiter dann auch folgenden Satz:

Aufgrund des Vorfalls vom 31.01.2022 soll Anzeige erstattet werden gegen alle Personen, die infrage kommen können, mit dem Transponder 3807 der ehemaligen Mitarbeiterin die Alarmanlage unscharf gestellt zu haben.

Wir wollen die Auflösung des Falls an dieser Stelle vorziehen: Mit seiner Unterschrift unter die Strafanzeige hatte der Zeuge am Ende die Ursache gesetzt, dass er am Ende selbst bestraft wurde. In der Gerichtsverhandlung war die Anklage gegen unsere unschuldige Mandantin wie ein Kartenhaus zusammengebrochen. Stattdessen hatte sich ab einem bestimmten Zeitpunkt alles auf den Regionalleiter als Täter konzentriert.

Der Mann hatte tatsächlich gemeinsam mit einem Hacker den Transponder unserer Mandantin manipuliert und sich einen Zweittransponder ausstellen lassen. Damit war er nachts in den Paketfilialen auf Beutezug gegangen und hatte Hunderte Pakete mit wertvollem Inhalt gestohlen. Im Prozess hatte der Regionalleiter noch versucht, seine eigene Haut zu retten: Er behauptete, unsere Mandantin hätte angeblich im Gespräch mit ihm zugegeben, dass sie Mist gebaut hätte. Auch das erwies sich am Ende als Rohrkrepierer. Zum Verhängnis war dem Regionalleiter geworden, dass ein anderer Mitarbeiter ihn dabei beobachtet hatte, wie er nachts mit mehreren Paketen aus der Filiale herausgekommen war. Bei der im weiteren Verlauf angeordneten Durchsuchung seiner Wohnung waren Hunderte Handys, Tablets und Elektronikartikel gefunden worden. Über einen eBay-Account, der aber nicht über seinen Namen lief, ließen sich im Nachhinein weit über 1500 Verkäufe des Regionalleiters mit einem Schaden von fast einer Million Euro zuordnen. Hier hatte ein Wolf im Schafspelz versucht, auf Kosten einer Ex-Kollegin im großen Stil abzukassieren. Um von sich abzulenken, hatte der Täter ein doppeltes Spiel gespielt und war in die Rolle des Zeugen mit zwei Gesichtern geschlüpft.

FALSCH VERDÄCHTIGT – DURCH BEVORMUNDETE ZEUGEN

Es klingt fast ein wenig verrückt: Aber auch durch oder besser gesagt auf dem Rücken von Zeugen, die sich mit Händen und Füßen dagegen sträuben und partout keine Belastungszeugen sein wollen, können irrtümliche Verdachtsmomente aufkommen. So war vor Jahren eine frühere Nachbarin eines Herrn aus Mülheim an der Ruhr, die sich um den fast achtzigjährigen Rentner jahrelang liebevoll gekümmert hatte, unter Betrugs- und Untreueverdacht geraten. Sie sollte auf Kosten des demenzkranken Seniors kurz vor dessen Aufnahme in eine vollstationäre Pflegeeinrichtung heimlich eine Finanzierung für eine 10 000 Euro teure neue Einbauküche in einem Möbelhaus unterschrieben haben. Die Anzeige hatte die frisch installierte, übereifrige Betreuerin des älteren Herrn erstattet. Der Senior wiederum beteuerte in Telefonaten mit der durch uns verteidigten Ex-Nachbarin deren absolute Unschuld: »Ich will das alles hier gar nicht. Ich möchte nicht, dass dir etwas passiert. Du hast nichts gegen meinen Willen getan, das kommt alles von meiner Betreuerin.«

Diese hatte nach dem Umzug des Rentners in das Seniorenheim dessen Unterlagen durchforstet und war dabei auf diverse, aus ihrer Sicht auffällige Abbuchungen gestoßen. Unter anderem war ihr ein ominöser Küchenkauf aufgefallen, außerdem sollte die Ex-Nachbarin mit der EC-Karte des Seniors heimlich ihr Auto aufgetankt haben. Was die Betreuerin und auch die Staatsanwaltschaft anfangs überhaupt nicht interessierte, war, dass der ältere Herr weder mit dem Küchenkauf noch mit dem Tanken ein Problem gehabt hatte. Seine Demenz war keinesfalls so stark ausgeprägt, dass man ihm keine klaren Gedanken mehr zutrauen konnte.

Noch während des laufenden Strafverfahrens wollte er sich auf die Seite unserer Mandantin schlagen und als Zeuge aussagen. Dies schmeckte der Betreuerin, die der Ex-Nachbarin anscheinend unbedingt eine Straftat anhängen wollte, gar nicht. »Mein Klient ist so verwirrt und durcheinander, dass er unmöglich hier als Zeuge aussagen kann«, war ihr Statement im Gerichtssaal, um den älteren Herrn regelrecht mundtot zu machen. Tatsächlich hatte unsere Mandantin wenige Minuten vor dem Prozess noch mit einem munteren, aufgeweckten Herrn telefoniert, der immer wieder betonte: »Ich habe meiner

Betreuerin gesagt, dass ich aussagen möchte, sie hat mir das verboten. Ich sei angeblich so durch den Wind, dass ich in meinem Bett bleiben und meinen Mund halten soll. Ich kann mich gar nicht wehren.«

Die Vorsitzende Richterin versuchte verständlicherweise eine Vernehmung des älteren Herrn nach Möglichkeit zu vermeiden. »Vielleicht brauchen wir das angebliche Opfer ja gar nicht mehr selbst und können ihm eine Vernehmung ersparen«, sagte sie. Tatsächlich ging es um die Frage, ob der Finanzierungsvertrag für die Einbauküche von dem Senior selbst unterschrieben worden war oder nicht. Die Staatsanwaltschaft hatte in der Anklage blind die Mutmaßungen der Betreuerin übernommen, wonach unsere Mandantin die Unterschrift ihres Ex-Nachbarn gefälscht haben soll.

Im weiteren Verlauf des Prozesses kam die Wahrheit ans Licht: Der Küchenverkäufer bestätigte als Zeuge, dass ein Abgleich der Käufer-Unterschrift mit der auf dem vorgelegten Pass bei ihm bei jedem Vertragsabschluss Standard sei. Hinzu komme ein Check von Passfoto und Vertragspartner. Ausnahmen hundertprozentig ausgeschlossen. Und weil eine Kopie des vorgelegten Personalausweises des Rentners in den Akten eingeheftet worden war, müsse der Senior vor Ort gewesen und die Unterschrift geleistet haben. Genauso hatte unsere Mandantin den Vorgang durchgängig geschildert. Die Behauptung der Betreuerin, der alte Mann sei hintergangen worden, wurde nach der eindeutigen Aussage des Verkäufers hinfällig. »Ein offenes Wort: Die Vorwürfe sind völlig haltlos. Das gilt auch für das angeblich heimliche Tanken auf Kosten des alten Herrn. Ich verstehe, dass Sie als Betreuerin wachsam sind, aber hier sind Sie über das Ziel weit hinausgeschossen«, sagte die Vorsitzende Richterin erbost. Das Verfahren wurde auf Kosten der Landeskasse eingestellt. Die Mandantin war eindeutig unschuldig.

Dennoch war der ganze Ablauf für sie sehr belastend gewesen. Sie hatte nach Bekanntwerden der Untreue-Vorwürfe einen regelrechten Spießrutenlauf erlebt, war in der Nachbarschaft angefeindet und geächtet worden. »Pfui. Du beklaust also alte, hilflose, demenzkranke Männer«, war nur einer von vielen Vorwürfen, die sie sich anhören musste. Die Schuld dafür ist allein bei der Betreuerin zu suchen. Dass sie misstrauisch war, ist noch hinzunehmen. Schließlich werden alte, kranke Menschen häufig von Dritten ausgenommen wie eine Weihnachtsgans. Dass sie die Beteuerungen des Seniors aber als Schwachsinn abgetan hatte, war nicht nur unwürdig, sondern der entscheidende Fehler. Ebenso ist den Ermittlern ein krasses Versagen vorzuwerfen: Hätte man den Küchenverkäufer im Vorfeld als Zeugen befragt, hätte sich die Fehleinschätzung der Betreuerin im frühen Stadium aufgeklärt. Und auch die Hauptperson, den durch die Betreuerin mundtot gemachten Senior, hätte die Polizei ruhig einmal im Seniorenheim besuchen und befragen können. Tatsächlich war das angebliche Opfer in diesem Verfahren nicht mit einer Silbe zu Wort gekommen. Das hätte viel Aufregung verhindert.

FALSCH VERDÄCHTIGT – DURCH SICH IRRENDE ZEUGEN

Wahrheit und Lüge zu unterscheiden, ist das eine. Wahrheit von Einbildung zu unterscheiden, etwas völlig anderes. Der Teufel steckt im Detail. Während lügende Zeugen häufig durch Akribie, Hartnäckigkeit und Geschick noch enttarnt werden können, ist das Unglück bei sich irrenden, also versehentlich falsch aussagenden Zeugen in aller Regel schon geschehen. Denn aufzudecken, dass eine Person einem Irrtum unterlegen war und deshalb falsch aussagt, ist im Prinzip so gut wie ausgeschlossen. Die Krux daran ist die bittere Konsequenz: Der irrende Zeuge hat gar keine bösen Absichten – und dennoch richtet er einen Riesenschaden an. Das Gedächtnis spielt diesen Zeugen einen Streich. So wie im Fall einer Schulklasse, die in einem Berliner Hostel eine unangenehme Begegnung mit einem blankziehenden Sittenstrolch machte – und dabei einen Unschuldigen als Täter ins Visier nahm.

Es war im Mai 2022, als sich mehrere minderjährige Schüler erst verwundert die Augen rieben, dann noch einmal genau hinschauten und sich schließlich angeekelt und schockiert von einem Fenster in ihrem Berliner Hostel zurückzogen. Denn in der gegenüberliegenden Wohnung befriedigte sich ein nackter Mann am geöffneten Badezimmerfenster selbst. Zuerst hatte dieser noch gewinkt, dann hatte er zu onanieren begonnen. Die Schüler informierten ihre beiden Lehrerinnen, die hinzukamen und die Polizei alarmierten. »Der Mann tanzte und schaute direkt zu uns«, gab eine der Lehrerinnen später zu Protokoll. Es sei ein großer, schlanker Mann gewesen, südländisches Aussehen mit braunen Haaren. Auf einem Foto, das Beamten den Pädagoginnen später von einem Bewohner einer Männer-WG im Haus gegenüber von dem Hostel vorlegten, erkannten die Frauen den Exhibitionisten wieder.

Die Polizei hatte sofort nach dem Anruf der Lehrerinnen das Gebäude gegenüber aufgesucht und an der Wohnungstür einer Studenten-WG geklingelt. Ein Bewohner öffnete die Tür: Der kräftige Mann mit hellblonden Haaren wurde gefragt, wer vor wenigen Minuten im Badezimmer gewesen sei. In diesem Moment kam unser Mandant, auf den die Beschreibung der Pädagoginnen passte, aus dem Bad. Weil die Polizisten weitere Fragen nicht stellten, offensichtlich von einer Zweier-WG ausgegangen waren und somit nur auf den einen Mann die Beschreibung zutraf, geriet unser Mandant ins Visier der Ermittlungen.

Weitere Recherchen wurden in der WG nicht angestellt. Erst nachdem die Beamten verschwunden waren, trat der dritte Mitbewohner, der unserem Mandanten sehr ähnelt, aus seinem Zimmer. Bekifft, wie er war, hatte er sich versteckt. Seine beiden Mitbewohner berichteten ihm, dass die Polizei da gewesen sei und von unserem Mandanten die Personalien aufgenommen hätte. Daraufhin sagte er zu diesem: »Nimm dir einen guten Anwalt, der wird dich aus der Nummer schon rausholen.«

Die Polizisten hatten damals Fotos nur von zwei WG-Bewohnern gemacht und den Lehrerinnen vorgelegt. Übereinstimmend erklärten sie: »Der schlanke Braunhaarige kann es nur gewesen sein.«

Einige Monate später erreichte unseren Mandanten eine Anklageschrift wegen exhibitionistischer Handlungen. Darin wurde ihm vorgeworfen:

Am 30.05.2022 onanierten Sie gegen 19:30 Uhr am offenen Fenster des Badezimmers in der im 3. Obergeschoss in der (…) Straße in Berlin gelegenen Wohnung bewusst vor den im gegenüberliegenden Hotel (…) am Fenster stehenden minderjährigen Zeuginnen. (1), (2), (3), (4) sowie den weiteren Zeugen (5) und (6) (gemeint sind die zwei Lehrerinnen). Die Zeuginnen waren daraufhin geschockt.

Vergehen, strafbar nach SS 183 Abs. 1 und 2, 77, 77b StGB

Vor Gericht wiederholten die Lehrerinnen ihre Anschuldigungen gegen unseren Mandanten, die Schüler legten sich hingegen nicht fest. Was auffiel, war die hohe suggestive Wirkung des polizeilichen Vorgehens: Den Lehrerinnen wurden lediglich zwei mögliche Täter auf Lichtbildern präsentiert. Wobei der eine von vornherein wegen seiner kräftigen, ausladenden

Gestalt und seiner blonden Haare ersichtlich nicht infrage kam). Damit hatte die Polizei eine falsche Erinnerung bei den Lehrerinnen regelrecht zementiert: Natürlich erinnerten diese im Gerichtstermin die Person, die sie auf dem Lichtbild der Polizei gesehen hatten.

Diese Erinnerung überlagerte das ursprüngliche Wahrnehmungsbild der Zeuginnen, und folgerichtig meinten sie im besten Glauben, unseren Mandanten als Täter wiederzuerkennen. Ein schweres Versäumnis der Polizei! Man hätte mindestens acht Fotos von vergleichbar aussehenden Personen vorlegen müssen. Auch wäre es absoluter Standard gewesen, die Zeuginnen vor der Lichtbildvorlage darauf hinzuweisen, dass der wahre Täter nicht zwingend auf den Lichtbildern zu erkenn sein muss. Durch das Unterlassen dieses Hinweises wird nämlich bei Zeugen, die verständlicherweise gern zur Aufklärung einer Straftat beitragen möchten, ein Wiedererkennungsdruck erzeugt. Dies führt oftmals zu einer Festlegung auf eine Person als mutmaßlichen Täter, obwohl man sich gar nicht sicher ist.

Hätten wir als Verteidiger nicht zwischenzeitlich recherchiert und ein Foto des wahren Täters – des dritten WG-Bewohners – besorgt und hätte nicht der weitere Mitbewohner bestätigt, dass dieser am fraglichen Tag zur Tatzeit auffällig lange im Badezimmer gewesen sei und sich anschließend vor der Polizei versteckt hätte, wäre unser Mandant mit ziemlicher Sicherheit zu Unrecht verurteilt worden. Und das nur wegen irregeführter Zeugen, die mit ihrer gut gemeinten Aussage den wahren Täter einer schäbigen Straftat überführen wollten und tatsächlich beinahe genau das Gegenteil bewirkt hätten.

FALSCHE VERDÄCHTIGUNG ALS KERNPROBLEM FÜR JUSTIZIRRTÜMER

Nach unserer Wahrnehmung ist die Zahl der falschen Verdächtigungen in deutschen Strafprozessen viel größer als allgemein angenommen. Natürlich wollen wir nicht verhehlen, dass Belastungszeugen häufig die Wahrheit sagen. Der Polizeilichen Kriminalstatistik (PKS) von Nordrhein-Westfalen zufolge sind im Jahr 2021 2968 Fälle von falscher Verdächtigung bekannt geworden. 2758 falsche Verdächtigungen konnten laut PKS aufgeklärt werden. Das entspricht einer Quote von fast 93 Prozent. Die Zahl der Verurteilungen bleibt leider im Dunkeln. Ebenso wie die immens hohe Dunkelziffer der gar nicht erst bekannt gewordenen falschen Verdächtigungen.

Es kommt nach unserer Erfahrung in der Praxis fast nie zu Verurteilungen wegen falscher Verdächtigungen, auch wenn mutmaßliche Lügen von Zeugen, wie in den dargestellten Fällen geschildert, auf der Hand liegen. Der Grund dafür: Bei den Staatsanwaltschaften wird gemeinhin zu Beginn eines Verfahrens gedanklich festgelegt, wer Täter und wer Opfer einer Straftat ist. Wenn sich dann nachweislich und objektiv belegbar herausstellt, dass ein angebliches Opfer doch die Unwahrheit gesagt hat, leitet die Staatsanwaltschaft in der Regel gegen diese kein Verfahren ein. Dabei wäre dies eigentlich zwingend.

Das Ausbleiben eines Strafverfahrens wegen falscher Verdächtigung hat dabei eine psychologisch einfache Erklärung: Wer korrigiert seine früher vertretene Auffassung schon gerne selbst? Ein Abrücken von einer Position, für die man monatelang gearbeitet hat, fällt vielen Menschen schwer. Auch Staatsanwälten. Nur selten gibt es Strafverfolger, die genau andersherum denken. Und ein Verfahren wegen falscher Verdächtigung gegen eine Person einleiten, die sie an der Nase herumgeführt hat.

Traurig, aber wahr: Man kann in Deutschland als angebliches Opfer nahezu sanktionslos lügen. Die strafrechtliche Praxis tut so, als ob es den Tatbestand einer falschen Verdächtigung (§ 164 Strafgesetzbuch) gar nicht gibt. Dabei sind die Konsequenzen und Schäden für die Opfer einer falschen Verdächtigung immens, man denke nur an die junge Frau, die von ihrer Nachbarschaft gestraft wird, weil sie ihren demenzkranken Nachbarn ausgenommen haben soll. Man denke nur an den Metzgermeister, der jahrelang nicht schlafen konnte und seinen geliebten Arbeitsplatz wechseln musste, weil eine Frau ihn aus Egoismus des Grapschens am Arbeitsplatz bezichtigt hatte. Man denke auch an Ali, dessen Ex-Geliebte aus Rache ihm Heroinhandel vorwarf und ihn sechs Monate unschuldig hinter Gitter brachte.

Die Liste der Fälle, in denen unsere Mandanten zunächst als angebliche Täter galten und sich später als Opfer herausstellten, könnte beliebig fortgeführt werden. Wir haben in unserem Aktenarchiv über 3023 Akten gefunden, in denen es sich so verhalten hat. Das Erschreckende: In gerade einmal dreiundneunzig Fällen hiervon hat die Staatsanwaltschaft Ermittlungen gegen die lügenden Zeugen aufgenommen. In elf Fällen ist es zu einer Verurteilung wegen falscher Verdächtigung gekommen. Das sind traurige 0,36 Prozent.

KAPITEL 3

IN DUBIO CONTRA REUM - IM ZWEIFEL GEGEN DEN ANGEKLAGTEN

Die Augenpartie verdeckt durch ein umgebundenes Tuch, in der linken Hand eine Waage, in der rechten ein Schwert. Justitia findet sich bis heute in jedem Gerichtsgebäude. Die antike Göttin ist das verkörperte Symbol für Rechtspflege und Gerechtigkeit. Die Augenbinde verleiht ihr das Bekenntnis zur Unparteilichkeit. Die Waage steht sinnbildlich für Ausgewogenheit. Das Schwert für Durchsetzungskraft. Doch wie gerecht, unparteiisch und ausgewogen ist unser Justizsystem in der Realität?

Ganz oft hören wir Strafverteidiger – nicht nur von Mandanten, sondern ebenso von Außenstehenden: »Es gilt vor Gericht ja im Zweifel für den Angeklagten, also kann doch auch gar nichts passieren.« Weit gefehlt! Dazu muss man wissen: Der Grundsatz »In dubio pro reo« (Im Zweifel für den Angeklagten) ist im deutschen Strafrecht zwar nicht explizit normiert, seine Geltung dennoch allgemein unumstritten. Er gehört zu den selbstverständlichen, (im Prinzip) unantastbaren rechtsstaatlichen Fundamentalgrundsätzen, ist ein gewohnheitsrechtlich entstandener, eigenständiger strafprozessualer Rechtssatz. In der Praxis bedeutet er: Liegen begründete Zweifel an der Schuld eines Verdächtigen vor, ist eine Pro-

Angeklagten-Entscheidung obligatorisch. Konkret heißt das: Dann ist keine Verurteilung möglich. Das geht einher mit der in Artikel 6 Absatz 2 der Europäischen Menschenrechtskonvention festgeschriebenen strafrechtlichen Unschuldsvermutung: »Jede Person, die einer Straftat angeklagt ist, gilt bis zum gesetzlichen Beweis ihrer Schuld als unschuldig.«

Die Unschuldsvermutung und der Zweifelsgrundsatz werden im Justizalltag jedoch konterkariert: Die Rechtswirklichkeit sieht nämlich in großen Teilen anders aus. Obwohl erhebliche Zweifel an ihrer Schuld bestehen, haben viele Angeklagte von vornherein oft nicht die geringste Chance vor Gericht. Einer der Hauptgründe dafür ist, dass bei nicht wenigen Richtern in bestimmten Konstellationen allein nach dem Studium der Akte sinnbildlich der Greifreflex zum Stempel mit der Aufschrift besteht: »Schuldig!«

Das ist ein großes Problem. Denn diese Voreingenommenheit und Parteilichkeit überlagern dann alles Weitere. Beide Wesenszüge sind elementare Puzzleteile für vorprogrammierte Fehlurteile durch richterliches Versagen. Denn was sich einmal im Gedächtnis eingeprägt hat, ist naturgemäß nur schwer wieder zu beseitigen. In einem Strafprozess passiert in solchen Fällen ganz oft das, was psychologisch leicht zu erklären ist: Die einmal gefasste Meinung wird im wahrsten Sinne des Wortes durchgedrückt, nach dem Motto: »Augen zu und durch.« Oder auch:»Mit dem Kopf durch die Wand.« Man korrigiert sich selbst nur ungern, stellt seine einmal getroffene Entscheidung nur ungern infrage. Man wird geradezu hüftsteif für eine Richtungsänderung, geschweige denn für eine Rolle rückwärts. Ein Verantwortungsgefühl, ein schlechtes Gewissen, um nicht spätestens vor der Urteilsfindung noch zur Besinnung zu kommen und Konsequenzen aus dem eigenen Versagen zu ziehen, existiert scheinbar in vielen Fällen nicht. Verstärkt wird dies durch eine bei Richtern immer wieder zu beobachtende Eitelkeit – nicht umsonst sprach einst Strafverteidiger Rolf Bossi von »Halbgöttern in Schwarz«. In manchen Fällen gipfelt Eitelkeit in Ignoranz – in diesen Fällen machen Richter aus ihrer offenen Abneigung und Voreingenommenheit gegenüber einem Angeklagten nicht den geringsten Hehl. Dann heißt es erst recht: »Im Zweifel gegen den Angeklagten« – In dubio contra reum.

ANKLAGE DA – WIRD ALSO SCHON PASSEN

Einer der Gründe dafür, dass Angeklagte mit richterlichen Vorbehalten zu kämpfen haben, liegt sicher mit an der Ermittlungspraxis. Seit Jahren ist in Deutschland die häufigste Erledigungsart nicht die Anklageschrift, sondern die Verfahrenseinstellung. Annähernd 60 Prozent (2020 waren es laut dem Statistischen Bundesamt genau 56,6 Prozent) der Ermittlungsverfahren enden auf der Ebene der Staatsanwaltschaft (die meisten ohne, manche mit Geld- oder Arbeitsstunden-Auflagen), kommen also gar nicht beim Gericht an. Schon im Vorverfahren wird also unheimlich ausgesiebt. Die ohnehin sehr überlasteten Staatsanwaltschaften klagen – dies kann man verstehen – nur das an, was aus ihrer Sicht zwingend einer gerichtlichen Überprüfung und Sanktionierung bedarf. Von daher ist es so, dass ein beträchtlicher Teil der unschuldig Verdächtigten im Vorfeld ausgesiebt wird und es in den überwiegenden Fällen die »Richtigen« (Schuldigen) trifft, die eine Anklage erhalten.

Auch wenn es kein gesichertes Zahlenmaterial gibt, kann man sagen: Die meisten Anklageschriften in Deutschland werden dem Grunde nach richtig sein. Diese Erfahrung haben sich viele Richter zu eigen gemacht, und es ist deshalb ein wenig nachvollziehbar, dass sie tendenziell an dem Tatbild festhalten, das sie aus den Ermittlungsakten übernommen haben, und erst einmal in Richtung »Schuld« neigen. Nach dem Motto: »Anklage da – wird also schon passen«. Wie meistens. Dass aber die etablierteste Erfahrung die Gefahr birgt, in Einzelfällen Fehlurteile quasi per Fernsteuerung zu produzieren, liegt auf der Hand.

Eine gewissenhafte, sorgfältige und faire Prüfung hat jeder Angeklagte verdient. Darauf hat das höchste deutsche Gericht, das Bundesverfassungsgericht, in einem Beschluss (BVerfG 2 BvR 2045/02, 2 BvR 2122/03) klar hingewiesen: »Ein zentrales Anliegen eines rechtsstaatlich geordneten Strafverfahrens ist die Ermittlung des wahren Sachverhalts als der notwendigen Grundlage eines gerechten Urteils. Die Ermittlung des Sachverhalts durch den Tatrichter untersteht dabei dem … Gebot bestmöglicher Sachaufklärung.«

OPFERSCHUTZ VS. UNSCHULDSVERMUTUNG: DIE ANGST VOR SENSIBLEN FRAGEN

Ein weiterer Grund für die aus unserer Erfahrung in einer Vielzahl von Fällen inzwischen nachweislich vorhandene Beseitigung der Unschulds- in eine Schuldvermutung ist der Umstand, dass insbesondere Richter ein mutmaßliches Opfer nicht mit bohrenden, sensiblen Fragen quälen möchte. Teilweise werden diese regelrecht mit Samthandschuhen angefasst und auf der Hand liegende Fragen ausgelassen. Grund für dieses Vorgehen mag die Befürchtung vieler Gerichte sein, einen Zeugen nicht neuerlich durch eine allzu extreme Befragung zu viktimisieren. Dass Opferschutz, speziell bei Vorwürfen sexueller Gewalt, in Gerichtssälen großgeschrieben wird, ist prinzipiell auch absolut richtig. Aber: Es fehlt an Balance. Denn die Ausgewogenheit, die die Waage einer Justitia symbolisieren soll, ist in der Realität häufig nicht vorhanden. Wer immer nur zu einer Seite schaut, ignoriert auf der anderen das Gebot von Unparteilichkeit und den Anspruch auf ein faires Verfahren.

Gerade in Vergewaltigungsverfahren ist die Nähe von Gericht und Opferseite oft bemerkenswert. Nicht selten heißt es vorauseilend: »Wir möchten das Opfer am liebsten hier auf gar keinen Fall hören, ihm die Strapazen einer erneuten Aussage unbedingt ersparen.« Bei allem Respekt: Im Umkehrschluss entlarvt eine solche in deutschen Gerichtssälen in hoher Anzahl vorkommende, vermeintlich fürsorgliche Ansage doch nichts anderes, als dass der Wahrheitsgehalt der Angaben, die das mutmaßliche Opfer gemacht hat, an dieser Stelle schon gar nicht mehr zur Debatte steht. Anders gesagt: Die Opfer- und Täterfrage ist häufig schon vor Beginn der Hauptverhandlung entschieden. Wir Strafverteidiger merken dies immer wieder in Gesprächen, die zu Beginn oder auch direkt vor einem Prozess mit dem Gericht geführt werden. Falsch verstandener oder übertriebener Opferschutz verleitet nicht selten letzten Endes dazu, dass im Zweifel nicht für, sondern gegen den Angeklagten entschieden wird.

DER KOSTENFAKTOR – IM ZWEIFEL LIEBER KEIN FREISPRUCH

Häufig nehmen wir Strafverteidiger auch eine Art Verbundenheit von Richtern zur Staatskasse wahr. Augenscheinlich verurteilen viele Richter lieber, als dass sie freisprechen. Auch wenn sie keine Beamten sind: Der Staat ist ihr Arbeitgeber. Dies schafft eine gewisse Nähebeziehung, die wir dann oft merken, wenn es etwa um die notwendigen Auslagen des Angeklagten geht, also um dessen Anwaltskosten, die erstattet werden sollen. Denn im Fall eines Freispruchs werden sie der Staatskasse auferlegt. Hier tun sich viele Richter oft schwer und versuchen um jeden Preis, der Staatskasse diese Kosten zu ersparen. Da werden dann Verfahren teilweise einfach »durch die Hintertür« ohne Erstattungsmöglichkeit eingestellt, obwohl die Verfahren eigentlich »freispruchreif« sind. Unschuldig Beschuldigte bleiben so oft auf Tausenden Euro Anwaltskosten sitzen, obwohl die Staatskasse diese ihnen eigentlich erstatten müsste.

Vier Fälle aus unserer Strafverteidigerpraxis stehen nachfolgend exemplarisch als Nachweis dafür, dass Gerichte den Grundsatz »In dubio pro reo« heutzutage offenbar ohne Weiteres vernachlässigen, ignorieren und in das Gegenteil verkehren – und dadurch quasi sehenden Auges das Risiko eines fatalen Fehlurteils massiv befeuern. Und weil das keinesfalls nur hin und wieder vorkommt, kann von bedauerlichen Einzelfällen keine Rede sein.

INDIZIENPROZESS – KOPFSCHUSS-TOD AUF DEM BAUERNHOF

Gerade in Indizienprozessen ist oft zu spüren: So richtig überzeugt ist das Gericht nicht, aber der Angeklagte wird es schon gewesen sein. Dies zeigt der nachfolgende Kopfschuss-Fall auf einem Bauernhof.

Klick-Buuumm. Es war nur ein einziger Schuss. Und ein ohrenbetäubender Knall. Das Projektil schlug direkt durch den Kopf. Bis in das Polster der Wohnzimmercouch. Am 18. Februar 2015 wurde auf einem Bauernhof im ländlich beschaulichen Bottroper Ortsteil Kirchhellen die dreifache Mutter Anja Eversum erschossen. Die grippegeschwächte Frau hatte drei Tage nach ihrem fünfunddreißigsten Geburtstag schlafend auf dem Sofa gelegen. Anja war sofort tot. Ins Visier der Ermittler geriet damals schnell Anjas Ehemann, der Hobby-Schweinezüchter Stefan Eversum. Den untreuen Neununddreißigjährigen, der eine Affäre mit einer Nachbarin hatte, belastete eine Vielzahl von Indizien. Schmauchspuren, Glassplitter, Mantrailing-Spuren (Spuren ermittelt durch fährtenlesende Hunde), Weg-Zeit-Berechnungen und noch einiges mehr. Doch Eversum bestritt bis zu seinem Tod jegliche Verstrickung in diese grausame, hinrichtungsgleiche Bluttat.

Der Schweinebauer starb im Oktober 2015 dennoch mit dem frisch aufgedrückten Stempel eines Mörders. Nur zwei Tage nach seiner Verurteilung zu lebenslanger Haft erhängte sich der Landwirt in der Justizvollzugsanstalt Essen. In seiner Zelle lag ein Abschiedsbrief. »Sie haben einen Unschuldigen verurteilt!«, hatte er darin geschrieben. Das Mordurteil wurde nach dem Suizid nicht mehr zu Papier gebracht, das Verfahren gegen (den toten) Stefan Eversum offiziell eingestellt. Die Tötung seiner Ehefrau wurde somit zum juristischen Cold Case.

Acht Monate zuvor.

Es ist der 18. Februar 2015, 14:14 Uhr. Auf der Polizeiwache Bottrop geht ein Notruf ein:

Polizei: Polizeinotruf.
Anrufer: Ja, guten Tag, mein Name ist Nussholz.
Polizei: Guten Tag.
Anrufer: Ich stehe hier am Bauernhof Eversum in Kirchhellen und wollte den Freund meines Sohnes nach Hause bringen. Doch die Mutter macht nicht auf. Das Auto ist da. Jetzt habe ich durch die Fenster geguckt, die Wohnung ist aber durchwühlt. Sieht aus wie ein Einbruch. Die Mutter geht auch nicht

*ans Telefon. Ich weiß nicht, ob wir da reingehen sollen, da sind
alle Schubladen los.*
Polizei: Ja gut, ich schick mal die Kollegen.

Sieben Minuten später, 14:21 Uhr:

Polizei: Polizeinotruf.
*Anrufer: »Ja, noch mal Nussholz. Ich habe schon mal angerufen.
Jetzt habe ich die Mutter entdeckt. Die liegt auf'm Sofa. Die
bewegt sich gar nicht mehr. Der Pulli ist rot.*
Polizei: Der Pulli ist rot?
*Anrufer: An den Ärmeln ist der rot. Der ist, normalerweise ist
der weiß. Und ich kann hier am Fenster klopfen, die bewegt
sich nicht. (Klopfen im Hintergrund) Ich bin außerhalb der
Wohnung. Ich gehe da nicht rein. Die Frau hat die Arme so am
Kopf und am … äh äh. Der Pulli ist rot!*
Polizei: Ja. Alles klar. Wir schicken einen RTW vorbei.

Der Sohn Marvin von Anja und Stefan Eversum – das Paar
hatte zudem zwei Töchter – ging ein paar Kilometer entfernt
vom heimischen Bauernhof zur Schule. Am fraglichen Tag
wartete er nach Schulschluss auf seine Mutter, die ihn eigentlich von einem Schulausflug abholen wollte. Aber Anja kam
nicht. Und sie ging auch nicht ans Telefon. Deshalb nahm
Marvin zusammen mit seinem Schulkameraden Fiete den
Bus, der ihn zu dessen Eltern brachte. Gemeinsam mit Fietes
Vater fuhren sie dann weiter zum Bauernhof der Familie
Eversum und machten dort durch das Fenster einen entsetz-
lichen Fund. Auf den ersten Blick schien es, als würde Anja
schlafen. Sie lag auf der rechten Seite, die Augen geschlossen,
den rechten Unterarm wie zu einer Art Kopfstütze angewinkelt.
Erst auf den zweiten Blick war zu erkennen, dass unter ihren
Armen, unter dem Kopf alles voller Blut war.

Kurz nach den ersten Polizei- und Rettungskräften vor Ort war auch Stefan auf dem Hof erschienen. Marvin hatte den Landwirt, der auch als Werkstattleiter bei einer karitativen Einrichtung fest angestellt war, angerufen. Eversum schien – so haben es Zeugen später berichtet – beim Anblick seiner toten Ehefrau geschockt. Anfangs sah es nach einem eskalierten Einbruch aus, da das Haus völlig durchwühlt war. Aber gab es wirklich einen Beutezug? Wenn es ein Einbruch war, warum wurden dann keine Wertgegenstände gestohlen? Schon bald tauchten im Rahmen der Ermittlungen der Mordkommission »Hof« Zweifel auf. Warum sollte ein Einbrecher beispielsweise eine komplette Verwüstung anrichten, letztlich aber wertvolle Wertgegenstände wie eine Handtasche mit Geldbörse am Tatort zurücklassen? Außerdem ergaben die Ermittlungen, dass Schranktüren komplett abgerissen worden waren, äußerliche Einbruchsspuren an den Außentüren des Bauernhauses wurden von der Polizei allerdings nicht entdeckt. War das Ganze womöglich als Einbruch getarnt und alles nur inszeniert?

Klar ist allein das: Anja Eversum wurde im Schlaf aus nächster Nähe getötet durch einen Schuss in den Hinterkopf.

Noch am Tattag wurde der Landwirt festgenommen. Er war für die Polizei nach einem Abgleich mit dem internen Computer, auf dem ein Polizeieinsatz auf dem Hof wenige Tage vorher wegen eines Ehestreits dokumentiert war, von Anfang an der Hauptverdächtige und kam später in U-Haft. Der Schweinezüchter wurde später von einer Rechtsmedizinerin untersucht. Dabei fanden sich zahlreiche »kratzerartige Abschürfungen« am Oberkörper, an Armen und Beinen, Stefan erklärte die teils auch schon abgeheilten Wunden mit ausgiebigen Baumschnittarbeiten am Wochenende zuvor. Die Rechtsmedizinerin beurteilte das als plausibel und vermerkte abschließend: »Es gibt keine eindeutigen Hinweise, die im

Zusammenhang mit dem Tatgeschehen zu sehen sind.« Hinsichtlich einer festgestellten Blutanhaftung am Zeigefinger wurde jedoch eine DNA-Untersuchung eingeleitet.

Eine Stunde zuvor war dieselbe Rechtsmedizinerin bereits auf dem Bauernhof gewesen und hatte den Leichenfundort und die Leiche von Anja untersucht. Die Medizinerin protokollierte dabei »typische Anzeichen eines Kopfschusses mit Verblutung nach außen«. Stumpfe Gewalteinwirkungen fand sie ebenso wenig wie Abwehrverletzungen. Das Projektil war nach den Feststellungen der Medizinerin in die linke Schläfe eingedrungen und aus der rechten Schläfe wieder ausgetreten. Der Kopf war demnach durchschossen worden. In der Sofagarnitur wurde später ein 9mm-Geschoss gefunden.

Stefan Eversum wurde noch am selben Tag auf dem Polizeirevier als Beschuldigter vernommen. Er zeigte sich kooperativ, beantwortete Fragen, die Vernehmung dauerte fast eine Stunde lang. Den Beamten schilderte er seinen Tagesablauf, berichtete dabei aber auch von einem Streit mit seiner Frau Anja am Tag zuvor. Der Anlass: ein zufälliges Zusammentreffen mit seiner Geliebten, der Nachbarin und Mieterin einer Wohnung der Familie Eversum – beobachtet von seiner Frau.

Dazu einige Original-Auszüge aus der Beschuldigtenvernehmung:

Gestern gegen 18 Uhr war ich joggen. Da habe ich Frau Melina Passmann getroffen und kurz mit ihr geredet. Währenddessen kam meine Frau. Sie ist losgefahren und wollte meine Tochter abholen. Meine Frau ist kurz stehen geblieben, hat das Fenster runtergemacht und ist dann weitergefahren. Ich bin dann weiter in Richtung nach Hause gegangen. Auf dem Weg habe ich ihr mit meinem Handy per WhatsApp geschrieben, warum sie weitergefahren ist …

Gegen 18.45 Uhr war meine Frau dann zu Hause. Sie meinte, wie doof sie sei, dass sie mir vertraut und ich vor allen Leuten mit der Nachbarin rede. Meine Frau hatte mir vor geraumer Zeit vorgeworfen, dass ich die Frau Passmann geschwängert habe. Ich kann sagen, dass ich ein Verhältnis zu Frau Passmann hatte, sie aber nicht geschwängert habe. Das Verhältnis ging bis Mitte Januar dieses Jahres (Anm.: 2015). Wir haben das Verhältnis aber beendet, weil wir unseren Ehen eine Chance geben wollten. Das Kind von Frau Passmann ist 5 Jahre alt. Dass sie nun erneut schwanger ist, war mir nicht bekannt. Herr Passmann und meine Frau wussten nichts von dem Verhältnis. Beide haben das vermutet, wir haben es aber immer abgestritten ...

Ich habe meiner Frau erklärt, dass ich Frau Passmann wirklich nur zufällig beim Joggen getroffen habe. Es gab darüber Streit. Die Kinder haben dann Abendbrot gegessen, meine Frau ist baden gegangen. Ich bin ins Badezimmer, wollte ihr erklären, dass ich doch nicht so doof bin und Frau F. am helllichten Tag treffe. Sie wollte aber gar nicht mehr reden und wollte, dass ich das Badezimmer verlasse. Das habe ich dann auch gemacht. Meine Tochter meinte dann, dass sich Mama schon wieder beruhigen würde. Alle Kinder haben dann Zähne geputzt und sind ins Bett gegangen. Meine Frau hat bei einem der Mädchen geschlafen, ich bin gegen 21.30 Uhr ins Bett gegangen. Ich hatte eigentlich gehofft, dass meine Frau noch mal runterkommt und wir reden können, aber sie kam nicht mehr ...

Am heutigen Morgen bin ich um 5.40 Uhr aufgestanden, Ich habe für alle den Tisch gedeckt, damit alle frühstücken können. Danach habe ich unsere Tiere gefüttert. Da ich wusste, dass meine Frau krankgeschrieben ist, habe ich sie schlafen lassen. Ich bin dann um 6.25 Uhr zu meiner Arbeitsstelle (bei der Caritas) gefahren. Gegen 10 Uhr bin ich nach Hause gefahren. In der Küche habe ich meine Frau getroffen. Ich habe sie gefragt, ob wir nun vernünftig wegen gestern Abend reden können. Sie sagte, dass es ihr nicht gut gehe, und wollte das am Abend klären. Dann bin ich wieder zurück zur Arbeit gefahren. Gegen 13.30 Uhr rief dann mein Sohn Marvin an. Er sagte mir, dass er vermutet, dass bei uns zu Hause eingebrochen worden ist. Ich habe ihm gesagt, dass er nicht ins Haus gehen soll. Ich habe dann versucht, meine Frau auf dem Handy und auf dem Festnetz anzurufen. Es ging aber niemand ans Telefon. Dann bin ich direkt zu mir nach Hause gefahren. Auf dem Weg habe ich die Polizei angerufen.

Frage Vernehmungsbeamter:
An ihrem rechten Zeigefinger befindet sich eine Brandblase. Woher kommt die?

Antwort Eversum:
Das weiß ich nicht.

Frage Vernehmungsbeamter:
Haben Sie Waffen im Haus?

Antwort Eversum:
Nein. Ich habe nur ein Bolzenschussgerät, wegen der Schweine. Ich möchte sagen, dass ich meine Frau nicht erschossen habe.

In den folgenden Wochen liefen die Ermittlungen der Mordkommission Hof auf Hochtouren. Auf dem riesigen Grundstück mit den verschiedenen Gebäuden und sogar im Schweinestall durchkämmten die Polizisten jeden Winkel, suchten vor allem die Tatwaffe – selbst der Gülletank wurde leer gepumpt. Doch die Waffe blieb wie vom Erdboden verschluckt.

Weitere kriminaltechnische Untersuchungen brachten dann aber irgendwann an dem Daumen, dem Autoschlüssel und der Innenseite der rechten Hosentasche von Stefan Eversum

Schmauchspuren einer 9mm-Kugel ans Licht. Und zwar aus der Waffe, mit der seine Frau Anja erschossen worden sein soll. In dem Gutachten hieß es:»Die nachgewiesenen Schmauchpartikel lassen sich z. B. durch Hantieren mit einer Waffe inklusive einer Schussabgabe mit der entsprechend zusammengesetzten Munition erklären.«

Schmauchpartikel sind mikroskopisch kleine Partikel, die bei einer Schussabgabe entstehen. Sie setzen sich auf dem Schützen und dem Ziel ab – mit dem bloßen Auge sind sie nicht zu erkennen. Die Verteilung der Partikel gibt unter anderem Hinweise, aus welcher Richtung der Schuss gekommen ist und aus welcher Entfernung er abgegeben wurde.

Als diese Spurenergebnisse bekannt wurden, änderte Stefan Eversum seine Schilderungen vom Tattag. Nunmehr räumte er ein, schon früher am Tatort gewesen zu sein und seine Frau schwer verletzt und blutend vorgefunden zu haben. Er habe sich zu ihr gekniet, den Puls gefühlt (nur so könnten die Spuren auf seine Kleidung gekommen sein) und sei zu der Überzeugung gelangt, dass sie nicht mehr leben würde. Es habe im ganzen Haus extrem nach Alkohol gerochen, außerdem sei alles verwüstet gewesen. Er habe im ersten Moment aber gar nicht an ein Tötungsverbrechen, sondern vielmehr an Selbstmord gedacht. Seine Frau habe aufgrund von Depressionen schließlich schon länger entsprechende Medikamente genommen. Letztlich habe das aber doch nicht zu der blutigen Auffindesituation gepasst. Wer glaubt mir jetzt?, habe er sich spontan am Tatort gedacht. Danach sei er abgehauen. Ihm seien plötzlich die Ereignisse der letzten Monate in den Kopf geschossen, der Polizeieinsatz und auch die in der Nachbarschaft bekannt gewordenen Ehestreitigkeiten auf dem Hof. In Panik habe er damals den »schweren Fehler« gemacht, zur Arbeit zu fahren und später den überraschten Ehemann zu spielen. In seinem Kopf sei die ganze Zeit nur

Folgendes umhergeschwirrt: »Das weiß man doch aus jedem Fernsehkrimi: Der Ehemann ist immer der Täter. Und wenn er es nicht war, muss er irgendjemand anderes präsentieren. Das ist doch das Dilemma, in dem ein Ehemann immer steckt. Wenn seine Frau ermordet aufgefunden wird.«

Bei der Staatsanwaltschaft machte sich der Schweinebauer durch die veränderte Aussage noch verdächtiger, als er es in ihren Augen ohnehin schon war. Eine polizeiliche Hundertschaft durchkämmte nochmals jeden Meter rund um den Bauernhof. Die Beamten wollten unbedingt die Tatwaffe finden. Doch es war buchstäblich die Suche nach der Nadel im Heuhaufen.

Auch die Nachbarin Passmann, mit der Stefan eine Affäre hatte, wurde von der Polizei als Zeugin befragt. Dabei gab die Frau auf die Frage, ob Stefan ihr gegenüber schon mal geäußert habe, dass er sich vorstellen könne, seine Frau zu töten, zu Protokoll: »Ja, das hat er. Da war er wütend, und da sagte er: ›Am liebsten würde ich sie umbringen.‹« Ein WhatsApp-Chat zwischen der Nachbarin und Stefan hatte folgenden Dialog als Inhalt:

Stefan: Du fehlst mir auch. Aber ich habe noch ein Problem. Du weißt, welches. Ich bitte dich, dass du noch etwas Geduld hast.
Melina: Ein Problem, welches einfach zu lösen wäre.
Stefan: Und wie aus deiner Sicht?
Melina: Das muss ich dir noch neu erklären.

Im August 2015 begann vor dem Essener Schwurgericht der Mordprozess gegen Eversum. Die Staatsanwaltschaft war nach monatelangen Ermittlungen fest entschlossen, ihm auch ohne Geständnis, ohne Augenzeugen und ohne das Vorliegen einer Tatwaffe einen Mord nachweisen zu können. Die Anklage stützte sich im Wesentlichen auf das fraglos starke Indiz der gesicherten Schmauchspuren. Außerdem hatten Mantrailing-Spürhunde den Geruch an der gefundenen Kugel bis zur Justizvollzugsanstalt in Essen, wo Stefan einsaß, verfolgen können. Seine Arbeitskollegen sagten zudem aus, er sei am fraglichen Morgen zeitweise verschwunden gewesen und dann völlig verschwitzt und nachdenklich zurückgekehrt. Außerdem wollte sich Anja Eversum offenbar wirklich von ihrem Mann scheiden lassen, was für diesen einen erheblichen wirtschaftlichen Nachteil bedeutet hätte. Wollte Stefan Eversum also seine Frau beseitigen, um der zerrütteten Ehe und den finanziellen Unterhaltspflichten zu entkommen und ein neues Leben zu beginnen? Und dann waren da auch immer noch die plötzlich veränderten Angaben von ihm zum Auffinden der Leiche.

Zwei Monate später, im Oktober 2015, wurde Stefan Eversum wegen Mordes zu lebenslanger Haft verurteilt. Die Essener Richter zeigten sich nach intensiver Prüfung aller Beweise und Indizien überzeugt, dass nur der dreifache Vater der Mörder seiner schlafenden Ehefrau Anja gewesen sein könne. Der Vorsitzende Richter sagte damals im Urteil:»Übrig geblieben war nur die Fassade einer Ehe.« Und weiter:»Der Angeklagte hat sich eines heimtückischen Mordes schuldig gemacht. Die Art und Weise der Tatausführung (Anm.: Kopfdurchschuss) zeigt, dass er mit direktem Vorsatz gehandelt und auch die Situation der schlafenden Person auf dem Sofa für seinen Tötungsplan genutzt hat.« Das Gericht gestand dem Angeklagten zwar ausdrücklich zu, dass es keinen eindeutigen Beweis für dessen Schuld gebe. Die Indizienkette sei schlussendlich aber dicht und insgesamt überzeugend. »Sicher, jedes einzelne Indiz lässt sich widerlegen, aber in ihrer Gesamtheit sprechen die Indizien eindeutig für die Schuld des Angeklagten«, hatte das Gericht in der Urteilsbegründung erklärt. Einen anderen Täter, beispielsweise einen unbekannten Einbrecher, schloss das Schwurgericht kategorisch aus.

Kurz bevor die Justizwachtmeister Eversum nach dem Urteil in den Zellentrakt abführten, wischte dieser sich hinter seiner Brille eine Träne aus dem Auge. Zwei Tage später erhängte sich der dreifache Vater in seiner Gefängniszelle.

IN DUBIO CONTRA REUM: WER, WENN NICHT ER?

Die Mordverurteilung des Hobby-Landwirts nach dem Todesdrama auf dem Bauernhof pauschal als Justizirrtum oder Fehlurteil einzustufen, ist sicher nicht angebracht. Das heißt aber nicht, dass die vom Schwurgericht Essen vorgenommene Indizienentscheidung »contra reum« (gegen den Angeklagten) nicht dennoch kritisch zu hinterfragen ist. Aus unserer Sicht gibt es eindeutige Gründe, warum ein Gericht – wie auch in diesem Fall – von vornherein auf das Gleis »im Zweifel gegen den Angeklagten« abbiegt. Die Ursachen hierfür werden oft schon viel früher gesetzt, zu einem Zeitpunkt, wo das Gericht noch gar nicht mit dem Fall beschäftigt ist. Die Hauptursache liegt nicht selten in handwerklich groben Fehlern der Polizei, die Ermittlungen nur in eine bestimmte Richtung vorgeben. Von Anfang an wird ernsthaft nur gegen einen Tatverdächtigen ermittelt und nur eine angebliche Tatversion von den Köpfen der Ermittler zugelassen. Hier: Der Mörder ist der Ehemann.

Unsere Erfahrung ist: Fast alle Kriminalbeamten sind »Jäger«. Sie sind die Ersten am Tatort, sie sind die Ersten, die Zeugen und potenziell Verdächtige befragen. Haben sie sich einmal auf eine Version des Geschehens und einen Verdächtigen festgelegt, startet ein Mechanismus, der am Ende verhängnisvoll sein kann. Oft werden Indizien so zurechtgerückt, dass sie ins Bild passen. Fragen werden häufig in einer Weise formuliert, dass sie eigentlich nur eine Antwort zulassen. Das alles muss nicht unbedingt in böser Absicht geschehen. Je länger die Ermittlungen laufen, desto intensiver durchtränkt die eindimensionale Sicht- und Vorgehensweise der »Jäger« die Akte.

Vernehmungsprotokolle werden von Polizeibeamten beispielsweise fast immer ziemlich frei zusammengefasst, teilweise Stunden oder Tage später, aus der bloßen Erinnerung heraus. Erstaunlich: Zeugenaussagen lesen sich in der Akte oft extrem detailliert und ausführlich. Nicht selten stellt sich später im Strafprozess heraus, dass der betreffende Zeuge diese Angaben in dieser Form überhaupt nicht gemacht hat, sondern eigentlich nur auf eine einzige lange und suggestive Frage des Beamten geantwortet hat: »Stimmt, so war das.«

Eine solche »Aktenverseuchung« durch eindimensionale Ermittlungen durchzieht das gesamte Strafverfahren bis zum Urteil. Selbst der gründlichste Richter kann sich diesem Einfluss kaum erwehren. Die Anklage gegen Eversum fußte nach unserem Empfinden auf einer bemerkenswert treffend formulierten Widersprüchlichkeit, frei nach dem österreichischen Schriftsteller Hans Weigel: »Ob Wilhelm Tell gelebt hat, weiß man nicht, aber dass er den Landvogt Gessler umgebracht hat, steht fest.« Auf die Tätersuche und den Gerichtsprozess nach dem Todesdrama auf dem Bauernhof in Kirchhellen übertragen hieße das, dass über allem die Maxime stand: »Lieber ein Unschuldiger in Haft als ein Schuldiger in Freiheit.«

Indessen sieht aber unsere Rechtsordnung genau das Gegenteil vor. Es sollte der Grundsatz gelten: Lieber hundert Schuldige freisprechen als auch nur einen Unschuldigen verurteilen.

Nehmen wir einzelne Indizien des Falls doch mal genauer unter die Lupe. Waren sie wirklich so stark und erdrückend, wie es das Gericht festgestellt hat? Auf den ersten Blick mögen die bei Stefan gesicherten Schmauchspuren ein starkes Indiz sein, auf den zweiten sind sie es aber keineswegs. Denn allein aus wissenschaftlichen Gründen werden heute zum Beispiel beim FBI Schmauchspuren kaum noch herangezogen. Dort war nämlich mehrfach der Nachweis geführt worden, dass Personen, die keine Waffe abfeuerten, trotzdem kontaminiert waren, zum Beispiel durch unbemerkte, zufällige Berührungen, sogar im Zusammenhang mit der Spurensicherung. Auch im Prozess in Essen hat ein Sachverständiger bestätigt, dass Sekundärübertragungen von allen möglichen Spuren nicht ausgeschlossen werden können. So lassen sich geringe Schmauchspuren an der Hand, am Pullover, im Auto sowie eine Blutspur in der Hoseninnentasche des Angeklagten erklären.

Oder auch das angebliche Indiz durch die Schnüffel-Spur von Mantrailing-Hunden: Auch bei solchen Hunden ist das hauptsächliche Problem die unbewusste Beeinflussung durch den Menschen. Kein Hund auf der ganzen Welt ist ohne menschliche Unterstützung in der Lage, einer individuellen Spur über größere Distanzen zu folgen, noch dazu in städtischen Gebieten mit zahlreichen chemischen und thermischen Reaktionen. Außerdem: Woher will man eigentlich wissen, ob ein Mantrailing-Hund am Ende wirklich das sucht, was er soll, oder doch nur auf der Spur von Nachbars Katze ist? Bemerkenswert in diesem Zusammenhang auch der »Kluge-Hans-Effekt«: Im Jahr 1904 löste ein Pferd angeblich Rechenaufgaben mit dem Klopfen eines Hufes oder dem Nicken des Kopfes, bis man dahinterkam, dass es feinste Nuancen in der menschlichen Mimik wahrnahm. Und auch Hunde verstehen schnell, dass eine Person weiß, wo es langgeht, zum Beispiel durch Atmung, Schrittverzögerung oder Schrittbeschleunigung. Im vorliegenden Fall war zudem völlig unklar, woher genau die Geruchsproben für die Hunde stammten. Und über allem steht doch auch der unwiderlegbare Fakt: Beim Aufsuchen der Schusswaffe waren die Hunde bis zuletzt erfolglos.

Betrachtet man zudem die von den Ermittlern zugrunde gelegte zeitliche Abfolge in den entscheidenden Minuten der Ermordung von Anja, so hätte Stefan nicht einmal fünfzehn Minuten gehabt, in denen er seine Frau erschossen, das Haus auf mehreren Etagen durchwühlt, Fenster, Schranktüren und Schubladen herausgerissen, die Waffe entsorgt haben und dann wieder am Arbeitsplatz erschienen sein müsste. Diese Leistung ist schlichtweg kaum vorstellbar.

Über die angeblich belastende Zeugenaussage eines Mithäftlings von Eversum muss man nicht wirklich ein Wort verlieren. Solche Wichtigtuer tauchen fast immer in Mordprozessen auf, behaupten, dass der Verdächtige ihnen hinter Gittern alles anvertraut hat – und wollen doch nur eines. Nämlich Vergünstigungen mit Blick auf ihre eigene Haftsituation.

Dann gibt es noch die Frage, wie zerrüttet die Ehe der Eversums wirklich gewesen war. Das Gericht legte sich am Ende fest, sprach von einer übrig gebliebenen Fassade der Ehe. Richtig ist in diesem Zusammenhang aber auch, dass es nachweislich noch Bestrebungen gab, selbst bei der beabsichtigten Scheidung die Kosten durch eine Anwältin zu teilen. Letztlich ging zwischen Anja und Stefan zuletzt alles wieder bergauf. Es gab nachweislich Pläne, dass Anja von ihrem Mann ein neues Auto bekommen sollte. Man feierte sogar gemeinsam Karneval. Nur wenige Tage vor dem Todesdrama hatten sich dafür beide als Schweine verkleidet.

Und auch die Rolle von Melina, der zeitweisen Affäre von Stefan Eversum, kann man gänzlich anders sehen. Während die Staatsanwaltschaft bis zuletzt aus einem vermeintlichen

WhatsApp-Austausch über das Thema »Mordpläne« Belastendes ziehen wollte, hatte Melina im Prozess klipp und klar zu verstehen gegeben, dass der Angeklagte an seiner Ehe festhalten wollte.

Unsere Quintessenz: Keines der Indizien hat wirklich gegriffen – weder allein noch in der Gesamtschau. Es lag keine schlüssige Indizienkette vor.

Denn es drängte sich auf, dass Fremdtäter am Werk waren. Es sind damals mehrere Personen am Tatort gesehen worden. Auch Eversum hat mehrfach angegeben, er habe ein Auto wegfahren sehen. Diese entlastenden Indizien hat niemand wirklich sehen wollen. Durch den tragischen Suizid hat Eversum leider dazu beigetragen, dass das Strafverfahren endgültig beendet wurde. Durch den Tod eines Beschuldigten endet ein Strafverfahren automatisch. Drei Kinder wurden zu Vollwaisen. Sie werden die Wahrheit nie erfahren.

VORSTRAFEN MACHEN BLIND – EIN ROTLICHT-KRIEG WIE IM MÄRCHEN

Wenn ein Beschuldigter Vorstrafen hat und dann auch noch aus dem Rotlichtmilieu stammt, heißt es bei Gericht ganz oft allein deshalb: Im Zweifel gegen den Angeklagten – schuldig!

»Herzlich willkommen im Palais Rouge, dem besten Saunaclub weit und breit.« Seit Jahren begrüßt Rotlicht-König Sven Heiermann Abend für Abend jeden einzelnen seiner Gäste persönlich. Stets mit einem breiten Lächeln im Gesicht. Schlechte Laune: Fehlanzeige.

Die Gründerzeitvilla, in der Heiermann sein luxuriöses Amüsier-Etablissement betreibt, ist ein schmucker weißer Prachtbau in einem 15 000-Seelen-Ort an der deutsch-niederländischen Grenze. Durch ein schmiedeeisernes Tor geht es in einen ungefähr zehntausend Quadratmeter großen Garten, in dessen Mitte ein prunkvoller Pool alle Blicke auf sich zieht. Drum herum, auf einer weitläufigen, mit rustikalen Sandsteinbruchstücken gepflasterten Terrasse, sind in dezenten Abständen zahlreiche Himmelbetten mit seicht im Wind flatternden, weißen Seidentüchern platziert. Auch innen ist die Villa opulent eingerichtet: edle Holzböden, weiße Ledersofas, moderne Massivholzmöbel, außerdem eine elegant geschwungene Bar im Colani-Stil. Svens Stammkunden sind vorwiegend Freier aus den Niederlanden. Vor allem im Kreis der bei ihm ein und aus gehenden Prostituierten sind die Männer aus dem Nachbarland ausgesprochen beliebt. Denn es heißt, sie sind nicht nur großzügig, sondern sie behandeln die Sexarbeiterinnen mit Respekt. Ihre noblen Schlitten parken die Gäste auf dem Schotterparkplatz neben der Villa – drinnen lassen die Schlüsselbesitzer dann alle Hemmungen fallen.

Rotlicht-König Heiermann stammt ursprünglich aus einer gutbürgerlichen Familie. Nach dem Abitur studierte der durchtrainierte Sonnyboy Pädagogik und Sport, um Lehrer zu werden. Nebenher verhalf ihm sein beeindruckender Körperbau zu einem Nebenjob als Türsteher. Nach zahlreichen Diskotheken wechselte er vor Jahren über eine Freundin erstmals an eine Tür eines FKK-Clubs. Und hatte dabei schnell gemerkt, dass das »seine« perfekte Position ist: Von da an sammelte er erste Erfahrungen, beobachtete in Ruhe, wie das Geschäft in einem Saunaclub so lief – und nutzte dann eine Gelegenheit, seine jetzige Villa zu kaufen. Seitdem war er Türsteher und Chef eines Rotlicht-Betriebs in Personalunion.

Einen Saunaclub umgibt das Flair einer würdevolleren Alternative zum Straßenstrich und zum Laufhaus. Das System ist recht simpel: Jeder Gast, egal ob potenzieller Freier oder Prostituierte, zahlt am Eingang einen bestimmten Betrag als Eintritt. Für Freier gibt es dafür einen Bademantel, Zutritt zur Pool- und Saunalandschaft, ein reichhaltiges Buffet und alkoholfreie Getränke, so viel man möchte. Die Damen dagegen haben die Möglichkeit, sexuelle Dienstleistungen anzubieten, die sie individuell und direkt mit dem Kunden verhandeln. Der Betreiber verdient am Eintritt und durch den Absatz von alkoholischen Getränken. Die Prostituierten animieren ihre Kunden zu Champagner, Cocktails und mehr und erhalten dafür großzügig Prozente als Provision. Kurzum: Es ist ein gutes Geschäft für alle Beteiligten.

Sven genoss die sorglose Zeit als Chef seines Saunaclubs. Mit der Zeit sammelten sich aber auch einige Vorstrafen bei ihm an. Die »Mädchen«, die bei ihm regelmäßig ein und aus gingen, mochten ihn. Er war nicht nur ihr Beschützer, sondern auch im Umgang mit ihnen immer höflich. Ein echter Kumpel. Er sah auch keinen Grund, auf die Mädchen herabzusehen: Als bekennender Kapitalist fand er es völlig verständlich, wenn jemand das Beste aus seinen Möglichkeiten machte. Seine erste Vorstrafe brachte ihm ein Beschützerdienst für eine Prostituierte ein. Die Frau hatte ihm erzählt, dass sie von ihrem früheren Zuhälter erpresst wird. Daraufhin hatte Heiermann den ihm gut bekannten Jimmy krankenhausreif geschlagen. Ein Gericht verurteilte ihn anschließend wegen Körperverletzung und Bedrohung zu einer Bewährungsstrafe.

In den Jahren, die diesem Zwischenfall folgten, setzte sich Sven immer wieder für »seine« Mädchen ein. Sein Strafregister füllte sich – gefährliche Körperverletzung, unerlaubter Waffenbesitz, Erpressung. Jedes klassische Rotlicht-Delikt landete früher oder später in seinem Bundeszentralregister. Ins Gefängnis musste er allerdings nie: Heiermann kalkulierte seine Straftaten stets so, dass er keinen »ernsten Ärger« bekam, wie er Gefängnisstrafen nannte. Sobald sich seine unnachahmliche Zornesfalte auf seiner Stirn bildete, gingen Unruhestifter bereits auf Abstand.

Besonders in den Sommermonaten war das Palais Rouge durchweg voll – der Laden lief und lief. Auf der Terrasse legte ein DJ Lounge-Musik auf, am Buffet wurden Salate, Grill-Delikatessen, Kaviar und Ofenkartoffeln angeboten. Drinnen gingen Prostituierte ihrer Arbeit nach. Heiermann veranstaltete Motto-Partys, bei denen die Sexarbeiterinnen Kostüme von Krankenschwestern oder elegante Kleider trugen. Die Betreiber der konkurrierenden Clubs in der Nähe beobachteten das Geschehen in der Villa skeptisch. Auf der einen Seite bewunderten sie den Eifer des Betreibers und seine immer neuen Ideen. Auf der anderen waren sie zutiefst neidisch. Besonders eifersüchtig auf seinen Erfolg war sein früherer Chef Norbert Fleischer. Der Endsechziger war einer der alteingesessenen Clubbetreiber der Region und fühlte sich von seinem jungen Konkurrenten besonders hart auf den Schlips getreten.

Neid gehörte zu den Gefühlen, die Heiermann gar nicht kannte. Sein Ex-Chef hingegen hatte sich weniger im Griff. Und so setzte er sich eines Tages in den goldenen Oldtimer mit den roten Samtsitzen, eine Sonderanfertigung, die er sich zu seinem zwanzigjährigen Berufsjubiläum selbst geschenkt hatte, und fuhr zum Palais Rouge. Fleischer schlenderte hinein, baute sich in der Lobby vor Heiermann auf und sagte nur einen Satz: »Ich werde dafür sorgen, dass du den Laden an die Wand fährst.« Dann machte er auf dem Absatz kehrt und fuhr davon. Sven bereitete der Auftritt des alten Herrn keine Sorgen.

Als jedoch ein paar Wochen später plötzlich ein Großaufgebot der Polizei vor der Villa stand, zählte er eins und eins zusammen. Das ist keine der üblichen Razzien, wie sie hin und wieder vorkommen, dachte Heiermann. Da hatte ihn jemand eiskalt verleumdet. Der Verdacht, dass ausgerechnet er, der sich auf die Fahnen geschrieben hatte, Rotlicht-Dienste legal, fair und menschenwürdig zu vermitteln, ein Menschenhändler sein soll, ärgerte ihn bei der Razzia mehr als der Verlust des Tagesgeschäfts.

Nicht lange danach saß er erneut in einem Polizeipräsidium und wunderte sich. Er sei angezeigt worden, so erklärte man ihm. Und zwar, weil er eine Prostituierte bedroht habe. »Ich? Eine Prostituierte? Bedroht?«, echauffierte sich Sven. Keine von den Damen, die in seinem Club arbeiten, hieß es. Sondern eine vom Wohnwagenstrich, der acht Kilometer entfernt vom Palais Rouge auf einem Feldweg neben der Landstraße entstanden war. Hier verdingten sich in aller Regel Sexarbeiterinnen, die den Absprung aus dem Gewerbe nicht geschafft hatten. Die meisten waren älter als fünfzig. Hierher kamen keine vermögenden niederländischen Kunden. Es waren vorwiegend Lkw-Fahrer, die schnellen Sex für wenig Geld wollten.

Heiermann kannte den Wohnwagenstrich vom Vorbeifahren. »Dort schafft der letzte Rest vom Schützenfest«, hatte er zu seiner Frau mehr als einmal flapsig gesagt. Die Prostituierten dort waren für ihn absolut keine Konkurrenz. Und ausgerechnet eine dieser Frauen, die hier anschaffen gingen, hatte ihn angezeigt? Es war ihm ein Rätsel. »Was werfen Sie mir überhaupt vor?«, fragte er ungläubig.

Der Polizeibeamte legte los: »Es geht um Organisierte Kriminalität«, erklärte er. »Frau Gabriele Gans, einundsechzig Jahre alt, Prostituierte, hat eine versuchte schwere räuberische Erpressung angezeigt. Und der Täter – das sollen Sie gewesen sein: Herr Heiermann.« Svens Augen wurden immer größer. Der Beamte las weiter: An einem Mittwoch um 11:30 Uhr vormittags sei er, so die Aussage von Gans, die sich auf dem Strich »La Nera« nannte, mit seinem Luxus-SUV an ihrem Wohnwagen aufgetaucht, habe die Fensterscheibe heruntergelassen und gedroht: »Du bist mir hier ein Dorn im Auge. Mir gehört das Palais Rouge da vorne, und du und die anderen

Nutten ihr schadet meinem Geschäft, weil ihr Kunden von uns abzieht. Ab jetzt zahlst du als Entschädigung dafür in der Woche 1000 Euro an mich. Wenn nicht, komme ich wieder. Capito?«

Heiermann konnte sich ein lautes Lachen nicht verkneifen: »Moment. Ich soll eine einundsechzig Jahre alte Nutte bedroht haben, weil sie mir die Kundschaft abspenstig macht? Was ist das denn für ein geisteskranker Shit?« Das Ganze war für ihn völlig absurd.

»Warten Sie, da kommt noch mehr«, sagte der Beamte. Sven soll danach noch einen Revolver herausgeholt, den Lauf auf das Gesicht von »La Nera« gerichtet und ihr ernst zugenickt haben: »Wenn die Mücken nicht kommen, fahre ich im Dunklen vor und schieße von außen auf dein ›Piss-Mobil‹, während ein fetter Freier auf dir Qualle liegt.« Dann soll er in seinem SUV davongebraust sein. Die Frau hatte nicht nur sein Kennzeichen angegeben, sondern auch den Wagen treffsicher beschrieben.

»Nummernschild und Wagenbeschreibung sind so ziemlich das Einzige, was hier stimmt«, sagte Heiermann und spürte förmlich, wie sich seine berühmte Zornesfalte auf seiner Stirn bildete. Er blieb aber ruhig. Als er einige Tage später in unserer Kanzlei erschien, erzählte er uns von den Drohungen des Konkurrenten Fleischer, von einer gerade erfolgten Hausdurchsuchung und den jüngsten Anschuldigungen durch die Wohnwagen-Prostituierte.

Wenige Wochen danach erhob die Staatsanwaltschaft eine Anklage wegen des Verdachts der versuchten schweren räuberischen Erpressung. Übliche Mindeststrafe im Fall einer Verurteilung: fünf Jahre Haft.

»Warum glauben die bei der Staatsanwaltschaft so einen Humbug? Das ist doch wirklich abenteuerlicher Bullshit, den die Olle da zum Besten gegeben hat«, sagte unser Mandant.

»Weil es für sie zusammenpasst«, erwiderten wir. »Ein Blick in Ihr Vorstrafenregister, und Staatsanwalt und Gericht haben bereits einen ganzen Film vor Augen.«

Heiermann war zu intelligent, um nicht zu merken, dass es für ihn ernst werden könnte. So absurd die Vorwürfe in seinen Ohren auch klangen – bei seiner Vorstrafenlage war er schon so gut wie verurteilt. Ihm war klar: Nicht die Justiz würde ihm die Tat nachweisen müssen (wie es in einem Strafverfahren eigentlich vorgesehen ist), vielmehr würde er als Angeklagter seine Unschuld demonstrieren müssen. Er selbst, der Angeklagte, würde hieb- und stichfeste Beweise dafür bringen müssen, dass die Version von Gans frei erfunden ist.

Eine Weile saß unser Mandant nur regungslos und stumm da. Dann plötzlich schoss er hoch. »Das Fahrtenbuch! Das elektronische Fahrtenbuch«, rief er. »Ich habe diesen sauteuren Cayenne für lange Autobahnfahrten, der zeichnet automatisch jede Fahrt auf. Wir lassen das auslesen, und dann wird man ja sehen können, dass ich mit diesem Wagen keinen Millimeter auf dem Wohnwagenstrich gewesen bin.«

Seine Ankündigung erwies sich als Volltreffer: Nachdem in der Porsche-Werkstatt das Fahrtenbuch des SUVs ausgelesen wurde, hatten wir es schwarz auf weiß. Der Wagen war an dem besagten Mittwoch um 10:15 Uhr in Süddeutschland gewesen, etwa 500 Kilometer weit weg vom tristen Wohnwagenstrich an der holländischen Grenze. Fünf Stunden später der nächste Eintrag: wieder Süddeutschland, noch weiter entfernt von dem kleinen Schotterweg, wo »La Nera« durch unseren Mandanten angeblich bedroht worden sein will. Erst am nächsten Tag, so der Fahrtenschreiber, war der SUV wieder in der heimischen Region. Fazit: Der Wagen konnte am Tag der Tat unmöglich vor dem Wohnwagen vorgefahren sein. Und es kam noch besser: Heiermann war außerdem imstande, eine Tankrechnung vorzulegen, ausgestellt am Tattag in Süddeutschland. Bezahlt mit seiner privaten Kreditkarte. Und ein seriöser Geschäftsmann bestätigte auch noch schriftlich, dass Sven am fraglichen Tag nachmittags bei ihm in der Firma in der Nähe von Stuttgart gewesen war. Um auf Nummer sicher zu gehen, ließen wir weiterhin ein Privatgutachten eines renommierten Sachverständigen erstellen. Dieses bestätigte die Richtigkeit der von Porsche ausgelesenen Ortungsdaten – Manipulation ausgeschlossen.

Die Hauptverhandlung vor dem Landgericht begann später leider so, wie wir es in fast 75 Prozent der Fälle kennen. »Herr Heiermann, Sie kennen die Anklagevorwürfe«, begann der Richter. »Wir reden hier von einer Mindeststrafe von fünf Jahren. Sie sind wegen ganz ähnlicher Delikte massiv vorbestraft. Und nach unseren Erkenntnissen betreiben Sie auch eine Art Bordellbetrieb. Die Vorwürfe passen sehr gut zu Ihrem bisherigen Lebenswandel.«

Bei unserem Mandanten schlug diese Ansage ein wie eine Bombe – seine schlimmsten Befürchtungen schienen wahr zu werden. Für diesen Richter war der Fall klar. Es ging ihm nicht darum, die Schuldfrage zu klären, sondern einzig darum, wie viele Jahre Gefängnis er dem Angeklagten aufbrummen würde. Das Gericht hatte das Urteil gegen Sven im Prinzip gedanklich schon getippt, bevor man ihn und die Zeugin überhaupt angehört hatte. Äußerlich ließ der Angeklagte sich aber nichts von seinem Ärger anmerken. Ruhig und bestimmt schilderte er, wie er am fraglichen Tag in Süddeutschland unterwegs gewesen und mit wem er dort verabredet war. Wir benannten den Geschäftsmann als präsenten Zeugen, der draußen vor dem Saal bereits wartete. Wir präsentierten zudem Tank- und Kreditkartenabrechnung.

Der Richter schob die Papiere allerdings mehr gelangweilt als wirklich interessiert vor sich her. Die Staatsanwältin klickte ungeduldig mit ihrem Kugelschreiber. Auch als wir schließlich unsere Trumpfkarte für ein wasserdichtes Alibi – die Daten aus dem elektronischen Fahrtenbuch nebst dem Gutachten des Sachverständigen – zogen, hörte der Richter scheinbar erst gar nicht richtig zu. Dann schaute er plötzlich verdutzt auf und schüttelte den Kopf: »Wir hören jetzt erst einmal die Geschädigte Gans.«

Gabriele schilderte als Zeugin, wie sie vor ihrem Wohnwagen von Heiermann mit einer Waffe bedroht worden sei. Wie sie gedacht hätte, sie müsse sterben. Seither lebe sie in Todesangst. Ja, sagte sie dann mit zitternder Stimme, sie erkenne den Angeklagten auch zu hundert Prozent wieder. Sein Auto sei ein luxuriöser SUV gewesen, ein Porsche, selbst das Kennzeichen wisse sie noch ganz genau.

Der Richter hörte aufmerksam zu. Und hatte nur eine einzige Nachfrage: »Wie kommen Sie heute mit den psychischen Folgen des schlimmen Vorfalls zurecht?« Die Staatsanwältin hatte gar keine Fragen an die Zeugin.

An dieser Stelle ist ein Zwischenfazit durchaus angebracht: Nach alldem, wie der Prozess bis zu diesem Punkt verlaufen war, wäre unser Mandant vom Gericht, ohne mit der Wimper zu zucken, verurteilt worden. Dafür brauchte man wirklich kein Prophet zu sein. Den Richter hatte bisher allein dessen kriminelles Vorleben interessiert – danach war die Richtung unmissverständlich klar. Der war es, das ist ein Gewohnheitsverbrecher aus dem Rotlichtmilieu. Warum sollte man diesem Menschen auch nur ein Wörtchen glauben? Im Grunde war für das Gericht an dieser Stelle nur noch die Frage offen: Wie viele Jahre muss der Rotlicht-König hinter Gitter? Dass das angebliche Opfer alle an der Nase herumgeführt haben könnte, kam dem Gericht nicht ansatzweise in den Sinn. Der Staatsanwältin sowieso nicht.

Ein weiterer Skandal sollte folgen. Im Anschluss an den ersten Hauptverhandlungstag hatte Gans (wie sich später herausstellte, auf Anweisung von Svens von Neid erfülltem Ex-Chef Fleischer), bei Gericht angerufen und sich angeblich stark verängstigt gezeigt. Der Grund: Unser Mandant habe sie am Abend nach dem ersten Gerichtstag auf ihrem Handy kontaktiert und mit dem Tod bedroht, sollte sie ihre Aussage nicht zurückziehen. Es kam zum Super-GAU. Heiermann wurde daraufhin festgenommen und musste wegen angeblicher Verdunkelungsgefahr in Untersuchungshaft.

Sechs Wochen später begann der Prozess von Neuem. Heiermann wirkte äußerlich unbeeindruckt von seiner sechswöchigen Untersuchungshaft, doch innerlich war etwas in ihm zerbrochen. »Ich dachte immer, wir haben hier ein ordentliches Justizsystem«, sagte er. »Aber ich habe den Glauben an die deutsche Justiz verloren.«

Gans wurde erneut in den Zeugenstand gebeten – und wiederholte ihre Lügengeschichte. Diese brach mehr und mehr wie ein Kartenhaus in sich zusammen, als die Überprüfung eines Einzelverbindungsnachweises ihres Handys ergab, dass zur angegebenen Zeit des Bedrohungsanrufs kein einziges Telefonat bei ihr eingegangen war. Schließlich gab Gans zu, den bedrohenden Anruf erfunden zu haben. Aber das am Wohnwagenstrich, das sei wirklich so gewesen. »Ich schwöre!«, beteuerte die Einundsechzigjährige und hob drei Finger.

Doch das war dann selbst für die lange »zeugenhörigen« Parteien des Prozesses nicht mehr tragbar: Auch dem Gericht und der Staatsanwältin reichte es nunmehr. Obwohl wir schon am ersten Prozesstag durch die vorgelegten Beweismittel eindeutig die Unschuld unseres Mandanten verdeutlichen konnten, hatte man Sven Heiermann allein aufgrund einer weiteren Lügengeschichte (nämlich eines Drohanrufs) sogar verhaftet. Den Freispruch nahm er mit zufriedener, aber gleichzeitig enttäuschter Miene entgegen. »Wie kann es sein, dass ein deutsches Strafgericht die abenteuerlichsten

Geschichten ungeprüft als richtig unterstellt und ohne irgendeinen Nachweis einen Unschuldigen verhaftet?« Für jeden Tag in der Untersuchungshaft erhielt er 25 Euro Entschädigung, insgesamt etwas über 1000 Euro. So viel kostet in seinem Club eine der günstigeren Flaschen Champagner.

Nach diesem Justizskandal hielt es Heiermann nicht mehr lange in Deutschland. Er hatte den Glauben an das Justizsystem verloren. Mit seiner Frau ging er nach Südeuropa, wo er einen Edel-Escort-Service aufbaute und Motorboote an wohlsituierte Touristen mitsamt Skipper vermietete.

IN DUBIO CONTRA REUM: ANGEKLAGTE OHNE CHANCE

Wir wollen nichts beschönigen: Dass Sven Heiermann kein Heiliger ist, soll gar nicht bestritten werden. Der Mann hat zahlreiche Straftaten begangen und ist in einem Milieu tätig, in dem es alles andere als zimperlich zugeht. Aber darf er deshalb schon vor Verhandlungsbeginn als schuldig abgestempelt werden? Darf ein Gericht gegen einen Angeklagten derart voreingenommen sein, dass es seriösen Entlastungsbeweisen weniger Glauben schenkt als einer fragwürdigen Belastungszeugin?

Als Strafverteidiger erleben wir häufig die Situation, dass Mandanten trotz unserer vorhergehenden Warnung siegessicher in die Verhandlung gehen. »Mir kann doch nichts passieren, es gibt keine Beweise«, sagen sie. »Es steht Aussage gegen Aussage, und nur weil irgendwer irgendwas behauptet, kann ich doch nicht verurteilt werden.« Die Wirklichkeit sieht anders aus: Viele Richter und Staatsanwälte hören Belastendes gern und nehmen es nahezu ungeprüft auf. Wenn Vorstrafen, schlimmstenfalls sogar einschlägige, vorhanden sind, steht das Urteil oft schon vor Verhandlungsbeginn fest. Entlastendes wird häufig von vornherein mit spitzen Fingern angefasst, und es wird das Haar in der Suppe gesucht, warum ein Entlastungszeuge unglaubwürdig sein könnte.

Dieser Tendenz liegt zuallererst folgende Überlegung zugrunde: Warum sollte denn ein Belastungszeuge etwas Falsches sagen? Er hat aus Sicht der Justiz weniger Grund zu lügen als ein Angeklagter (der das im Gegensatz zu Zeugen sogar darf) oder ein mit dem Angeklagten bekannter Entlastungszeuge. Die vielfältigen Motive, warum ein Belastungszeuge eine falsche Verdächtigung verübt, werden von der Strafjustiz unberechtigterweise ins Lächerliche gezogen. »Aus Rache soll die Zeugin gelogen haben? Sie schauen scheinbar zu viele Trash-TV-Gerichtsshows«, schallt es nicht selten von der Richterbank.

Machen wir uns nichts vor: Selbstverständlich kann ein Urteil auf Basis einer einzigen belastenden Aussage beruhen. Ansonsten wäre bei den sogenannten Zwei-Parteien-Delikten, bei denen nur Täter und Opfer anwesend sind (wie etwa bei einer Vergewaltigung), in der Regel eine Verurteilung nicht möglich. Und es entstünden eklatante Strafbarkeitslücken. Andererseits: In der zurzeit praktizierten Form kommt es in deutschen Gerichtssälen permanent zu Verurteilungen von Angeklagten, die unschuldig sind beziehungsweise nach dem Grundsatz »in dubio pro reo« freizusprechen wären.

Einen wichtigen Schritt auf dem Weg in Richtung Gerechtigkeit würde unserer Ansicht nach die Etablierung eines zwingend einzuholenden Glaubhaftigkeitsgutachtens durch einen geschulten Aussagepsychologen bringen. Die Aussagepsychologie ist ein eigenes Fachgebiet, das sich mit der Frage beschäftigt, wann eine Zeugenaussage richtig und wann sie falsch ist. Leider werden solche Gutachten in deutschen Strafprozessen nur äußerst selten eingeholt. In fast allen Fällen kontern Richter entsprechende Anregungen fast schon arrogant. »Die Bewertung einer Zeugenaussage als wahr oder unwahr ist ureigenste Aufgabe des Gerichts. Und wir sind erfahren genug«, heißt es ganz häufig.

Es ist unbegreiflich, warum in einem Strafverfahren, in dem es »Aussage gegen Aussage« steht und das Schicksal eines Menschen auf dem Spiel steht, auf die bestmögliche Überprüfungsmöglichkeit verzichtet wird. Natürlich gibt es auch Richter, die sich die Grundzüge der Aussagepsychologie angeeignet haben. In erster Linie haben sie aber das Recht gelernt, und in der juristischen Ausbildung werden Fragen der Glaubhaftigkeit von Zeugenaussagen allenfalls am Rande behandelt. Der fachlichen Kompetenz eines umfassend geschulten Aussagepsychologen kann letztlich kein Richter das Wasser reichen.

KAPITEL 4

SCHÖFFEN: WENN AMATEURE ÜBER SCHULD UND STRAFE RICHTEN

Unschuldig – und doch verurteilt. Und das im Namen des Volkes. Viele Menschen glauben, dass ihnen so etwas vor Gericht niemals passieren kann. Doch krasse Fehlurteile und Justizskandale beweisen das Gegenteil. Vor allem in den USA, wo ein fragwürdiges Jury-System die Prozesse an Strafgerichten dominiert. Die Entscheidungsgewalt über Schuld und Unschuld liegt dort tatsächlich bei zwölf Geschworenen. Menschen aus der Bevölkerung, die sich nie in ihrem Leben mit Jura beschäftigt haben. Dahinter steckt: Das Volk soll entscheiden.

Auch in Deutschland werden sämtliche Strafurteile »Im Namen des Volkes« verkündet, die Urteilsformel gilt hierzulande als Narrativ von Volkes Stimme. Menschenverstand, Lebenserfahrung und Ausgeglichenheit sollen in möglicherweise verkrustete formaljuristische Gedankenspiele injiziert werden. Die Strafjustiz soll nicht hinter dunklen Vorhängen an den Bürgern vorbei über Schuld und Unschuld entscheiden. Ehrenamtliche Richter gelten als eine der Säulen des deutschen Rechtsstaats: Die juristischen Laien – vom Lehrer über den Klempner, vom Frührentner über den Pfarrer bis hin zum studentischen Fahrradkurier – entscheiden mit, ob Angeklagte verurteilt werden und wie hoch das Strafmaß ausfällt. Mitunter können sie sogar Berufsrichter überstimmen.

Tausende Unschuldige saßen in den USA laut Studien in den vergangenen Jahren wegen Mordes, Vergewaltigung und ähnlich schwerer Verbrechen im Gefängnis. Zweiundzwanzig Jahre saß die Deutsch-US-Amerikanerin Debra Milke in einer Todeszelle. Für den angeblichen Mord an ihrem Sohn. Doch ihr Geständnis war offenbar von einem Polizisten gefälscht worden. 2013 kam sie frei. Sie saß jahrelang unschuldig hinter Gittern. Sie und Hunderte andere US-Häftlinge zahlten vor allem eines – den Preis für ein fehlerhaftes System mit lausigen Amateuren in Entscheiderrollen.

Denn es ist, wie es ist: Im US-amerikanischen Strafprozess entscheidet maßgeblich nicht ein examinierter Strafrichter darüber, ob ein Angeklagter »guilty« (schuldig) oder »not guilty« (unschuldig) ist, sondern ebenjene schon erwähnte zwölfköpfige, bunt und zufällig zusammengewürfelte Gruppe von Laien aus dem Volk: die sogenannte Jury oder auch die Geschworenen. Absoluter Wahnsinn!

Genau diese Laienrichter sind es auch, die dafür sorgen, dass in US-amerikanischen Gerichtsverfahren nicht selten flammende, hoch emotionale und theaterreife Plädoyers von Verteidigern und Staatsanwälten gehalten werden. Appelle an Gewissen und Moral stellen fachliche und rechtliche Überzeugungsarbeit klar in den Schatten. Eine weitere Besonderheit: Mitglieder einer Jury dürfen für ihre Überzeugungsbildung nur berücksichtigen, was sie während des Verfahrens selbst erfahren. Deswegen werden sie bei manchen Großprozessen regelrecht einkaserniert, werden gezielt separiert von Familie und Freunden, damit sichergestellt ist, dass sie nicht fernsehen, googeln oder Zeitung lesen. Ein Geschworener hat diesen Zustand einmal als »Plüsch-Gefängnis« bezeichnet.

Der wohl bekannteste Fall einer solchen »Jury-Plüsch-Gefängnisses« war der von US-Footballspieler und Schauspieler O. J. Simpson. Simpson war 1994 in Verdacht geraten, seine Ex-Frau und einen Freund von ihr kaltblütig erstochen zu haben, und wurde verhaftet. Der darauf folgende live im Fernsehen gezeigte Gerichtsprozess spaltete die US-amerikanische Nation und ging in die Mediengeschichte ein. Rund 150 Millionen Fernsehzuschauer verfolgten 1995 an ihren TV-Geräten gebannt den Urteilsspruch der Laien-Jury: einen bis heute umstrittenen Freispruch, der Freude auf der einen und Fassungslosigkeit auf der anderen Seite auslöste. Ein Spiegelbild der Szenen vom live übertragenen Verleumdungsprozess zwischen US-Schauspielerin Amber Heard und ihrem Ex-Mann Johnny Depp Anfang 2022. Auch hier war es eine Laien-Jury, die Amber Heard eine Strafe von fünfzehn Millionen US-Dollar und Depp eine in Höhe von zwei Millionen US-Dollar auferlegte. Wohlgemerkt in einem Zivil-, nicht aber Strafprozess.

Was vielen vielleicht gar nicht so klar ist: Das Laienrichtersystem ist in leicht abgewandelter Form insbesondere an den Amtsgerichten in Deutschland »business as usual«. Schöffengerichte beziehungsweise Jugendschöffengerichte sind im Regelfall mit zwei Schöffen und einem Berufsrichter besetzt. Natürlich befinden die Laienrichter nicht allein über die Schuldfrage, sondern am Ende eines Strafprozesses wird in der Urteilsberatung gemeinsam mit dem Berufsrichter über Schuld und mögliche Strafhöhe entschieden. Aber: Das deutsche Recht sieht beim Schöffengericht zwei Laien und nur einen Berufsrichter vor. Mit der Folge, dass zwei Amateure den Profi überstimmen können. In unseren Augen ein katastrophaler Zustand. Es darf nicht sein, dass ungelernte Amateure mächtiger sein können als examinierte Volljuristen. Stellen wir uns das übertragen auf den Operationssaal eines Krankenhauses vor: Medizinische Laien operieren am offenen Herzen – und der Chirurg steht machtlos und schulterzuckend daneben. So gut der Gedanke von Input durch ungefärbte Laienmeinungen auch sein mag. In der Praxis führt er nicht selten zur Katastrophe.

VERURTEILT IM NAMEN DER SCHÖFFEN

Dr. Jan Kirchner gehört zu den Menschen, an denen Sorgen, Mühen und Probleme schon seit frühester Kindheit abperlten wie von einem frisch gewachsten Pkw. Alles gelang sofort im ersten Versuch, alles erschien kinderleicht. Schule, Führerschein, Medizinstudium: Kirchner bewältigte und absolvierte diese Herausforderungen mit Bravour. Nach dem Studium sammelte er erste Berufserfahrungen an einem Krankenhaus. Auch privat lief es wie geschmiert. Früh heiratete er seine Studentenliebe Nele. Das Paar bekam einen Sohn. Piet. Und als in Nele der Traum reifte, aufs Land zu ziehen, da fand auch Jan, dass das eine gute Idee sei. »Warum nicht als Landarzt praktizieren?«, sagte er sich. Kaum war er auf die Suche gegangen, wurde er schon fündig.

Dr. Andreas Bachschneider hatte über vierzig Jahre lang eine Landarztpraxis in einem verträumten 4000-Seelen-Örtchen in Bayern betrieben. Nun wollte er in den Ruhestand gehen. In Fachmagazinen hatte der Mediziner seine Praxis zum Verkauf inseriert. Gleich als Kirchner sich zum ersten Mal mit ihm traf, wurde man sich einig. Per Handschlag. Bachschneider freute sich sehr über den netten Bewerber mit der freundlichen Frau und dem aufgeweckten Kind. Jan legte 300 000 Euro auf den Tisch. Er musste nur einen kleinen Kredit aufnehmen, den Rest übernahmen seine Eltern. Und gab Nele grünes Licht für die Haussuche.

Die Landarztpraxis war die einzige im Ort. Obwohl die Älteren anfangs bedauerten, dass der frühere Herr Doktor nicht mehr da war, überwog bald die Begeisterung über den neuen. Er war freundlich, zuvorkommend, smart. Er war ein ausgezeichneter Allgemeinmediziner, der sich Zeit für seine Patienten nahm. Alles schien wie im Traum. Doch schon bald zogen dunkle Wolken auf. Nele wurde immer gereizter. Und eines Sonntags beim Frühstück ließ sie die Bombe platzen: »Du, ich muss dir was sagen. Das Landleben ist, glaube ich, doch nichts für mich.« Die Ruhe, immer dieselben Menschen, die ihr ständig das Gefühl vermittelten, sie aushorchen zu wollen. »Alles nicht meins.« Und dann fehlten ihr die Freundinnen, die fast nie zu Besuch kamen, obwohl sie es versprochen hatten.

Jan und Nele hatten immer in der Großstadt gewohnt. Für manche Menschen sei das Leben in der Provinz eben nichts, sagte Nele. Wie sie sich das vorstelle?, fragte ihr Mann. Er habe die Praxis nun mal übernommen. »Ich stehe bei meinen Patienten im Wort« Und im Gegensatz zu ihr gefalle ihm das Landleben. »Und überhaupt – hast du auch mal an Piet gedacht? Sollen wir den Jungen etwa schon wieder woandershin verfrachten? Das geht nicht!«

Aus der Diskussion wurde Streit. Der Streit zog einen Graben zwischen die beiden, der mit der Zeit immer breiter wurde. Nele war unglücklich. Jan war unglücklich. Der kleine Piet spürte die Anspannung. Ein Jahr lang hielt Nele noch durch, dann zog sie aus. Jan war traurig. Er hatte seine Frau geliebt, doch die Art, in der sie sich immer weiter von ihm distanzierte, hatte seine Gefühle erkalten lassen: Vielleicht war die Trennung doch das Beste? Nele zog mit Piet zurück in die Stadt. Am Familiengericht wurden Besuchszeiten vereinbart. Alles lief freundschaftlich ab. Im Örtchen sprach sich natürlich rasch herum, dass der Herr Doktor wieder zu haben war. Jan war jetzt dreiundvierzig Jahre alt. Er sah blendend aus: fast zwei Meter groß, durchtrainiert und ein umwerfendes Brad-Pitt-Lächeln. Und er besaß gleich zwei Sportwagen. Das alles ließ bei vielen Frauen das Herz höherschlagen. Nicht nur eine träumte davon, die neue »Frau Doktor« zu werden und im offenen Oldtimer über den Dorfplatz zu cruisen.

Natürlich hatten auch die Mitarbeiterinnen in der Praxis die Neuigkeit mitbekommen, dass der Chef wieder solo war. Drei Arzthelferinnen waren bei Jan angestellt, und unter den beiden Jüngeren brach bald eine Art Wettstreit um die Aufmerksamkeit des Herrn Doktor aus. Das Problem dabei: Kirchner sah zwar aus wie ein Herzensbrecher, aber er benahm sich nicht so. Die ihm zufliegenden Blicke der Damen ignorierte er, führte ruhig und bestimmt die Praxis weiter, ging mehrmals pro Woche joggen, besuchte seinen Sohn Piet und genoss ansonsten die Ruhe im Haus.

Jeden Morgen betrat der Arzt pünktlich um acht Uhr seine Praxis. Irgendwann hatte er dann doch bemerkt, dass ihm die jungen Arzthelferinnen schöne Augen machten. Besonders Lilli legte sich ins Zeug: dreiundzwanzig, eins siebzig groß, mit einer fantastischen Figur und eigentlich genau sein Typ. Doch eine Beziehung zu einer Mitarbeiterin kam für ihn nicht infrage. Zu oft hatten ihm seine Kollegen beim Ärzte-Stammtisch von den Problemen erzählt, die dadurch entstehen konnten. Und das wollte er sich ersparen. Außerdem war ihm Lilli viel zu jung. Er wollte lieber eine Frau finden, die bereits mit beiden Beinen im Leben stand, und so reagierte er nicht auf die Flirtversuche der Arzthelferin. Lilli warf ihr Haar zurück, lehnte sich extra weit vor, wenn sie ihm etwas reichte. Jan blieb jedoch standfest. »Der Doktor ist schon eine echt harte Nuss«, seufzte Lilli im Kreis ihrer Kolleginnen. Dass sie den Chef rumkriegen wollte, obwohl sie selbst verheiratet war, verheimlichte sie nicht.

Irgendwann stand die Weihnachtsfeier an. Zum ersten Mal würde der Chef als Single kommen. In diesem Jahr wollten alle, die mit der Praxis zu tun hatten, in einem Luxushotel im Nachbarort feiern. Im Restaurant war ein Tisch bestellt, und nach einem Drei-Gänge-Menü wurde die Hotelbar in Aussicht gestellt. Neben Kirchner und seinem Steuerberater nahmen noch die drei Arzthelferinnen und der örtliche Apotheker um den runden, geschmackvoll dekorierten Tisch Platz. Alle hatten sich fein gemacht, besonders Lilli.

Es war eine lustige Runde. Lachend ließen sie das Jahr Revue passieren, tauschten Anekdoten aus. Immer wieder fiel der Blick von Jan auf Lilli, die ihn mit ihren Blicken nahezu auszog. Und je mehr Alkohol er trank, desto öfter wagte er zurückzuschauen. Nach dem Essen wechselte die Gruppe, wie geplant, zur Hotelbar, wo sie weitertranken. Dort gab es auch eine kleine Tanzfläche. Jan tanzte reihum mit seinen Arzthelferinnen, erst mit der ältesten, dann mit der mittleren. Lilli hob er sich für den Schluss auf. Und als sie sich gemeinsam über die Tanzfläche bewegten, spürte er sanft ihre Hand auf seinem Hintern.

Nach und nach zogen sich die beiden anderen Arzthelferinnen und der Steuerberater zurück. Bis schließlich nur noch Jan, Lilli und der Apotheker an der Bar saßen. Es war fast drei Uhr morgens, als der Apotheker sich verabschiedete. Lilli sah ihren Chef geradeheraus an:»Könnten Sie mich mit dem Taxi nach Hause bringen?«Jan nickte stumm. Sie waren gerade ins Taxi eingestiegen, da ging Lilli zum Du über und flüsterte ihm ins Ohr:»Sollen wir nicht lieber zu dir fahren?« Der Mediziner war angetrunken, der letzte Rest seines Widerstands schmolz unter Lillis glühendem Blick und ihrer Hand auf seinem Oberschenkel. Er räusperte sich und nannte dem Taxifahrer seine Privatadresse.

Knapp zwanzig Minuten später standen Lilli und Jan im Wohnzimmer seines Hauses. Lilli knöpfte ihre Bluse auf und ließ sie zu Boden fallen. Und mit dem ersten Kuss fielen dann auch Jans letzte innerliche Schranken. Er wähnte sich im Paradies. Es wurde die leidenschaftlichste Liebensnacht seines Lebens. Ein paar Minuten nach fünf lag er auf der Couch, im Arm Arzthelferin Lilli. Sie gestand ihm, dass sie in ihrer Ehe sehr unglücklich sei. Ihr Mann sei ein Jahr jünger, sie sei gelangweilt von dieser viel zu früh geschlossenen Ehe. Jan hörte zu, irgendwann schliefen beide zufrieden ein.

Pock, pock, pock. Pock, pock, pock. Es waren gut fünf Stunden später, als es an der Haustür heftig klopfte und Jan jäh aus seinen Träumen gerissen wurde. »Polizei! Öffnen Sie, sonst brechen wir die Tür auf.« Automatisch sah er zur Uhr im Bücherregal. Es war halb elf. Warum lag er auf der Couch? Und warum fühlte er sich, als hätte er Watte im Kopf? Ach ja, die Weihnachtsfeier. Und Lilli? Wo war sie? Er sah sich um. Da lagen ihre halterlosen Strümpfe, es war also doch kein Traum gewesen. Das Klopfen und die Rufe vor seinem Haus wurden immer lauter. »Polizei, Polizei! Aufmachen!«

Kirchner wickelte sich in eine Decke, schwankte zur Tür und drückte die Klinke. Als nur eine gefühlte Millisekunde später fünfzehn Polizeibeamte ins Haus stürmten, glaubte er zunächst an einen Scherz. Doch als ihm einer der Beamten einen Zettel vors Gesicht hielt, auf dem das Wort »Durchsuchungsbeschluss« stand, war er mit einem Schlag wach.

Der Polizist sagte: »Na, von Ihnen hätte ich so was ja nie gedacht, Herr Doktor.«

»Was denn?«, fragte Jan.

Der Polizist antwortete nicht und gesellte sich stattdessen zu seinen Kollegen, die begonnen hatten, das Haus regelrecht auf den Kopf zu stellen. Lillis halterlose Strümpfe wurden sichergestellt. Zwei Polizeibeamte trugen Kunststoffhandschuhe, hoben die Strümpfe hoch und ließen sie in eine Klarsichttüte gleiten. Rund um die Couch wurden Spuren sichergestellt. Ein Beamter machte Fotos. Es wirkte wie in einem Krimi – aber welches Verbrechen warf man ihm vor?

»Sie sind Beschuldigter in einem Strafverfahren«, begann eine Polizistin. »Ihnen wird vorgeworfen, in der letzten Nacht Ihre Mitarbeiterin Lilli vergewaltigt zu haben.«

Jan wurde schlagartig schlecht. War das ein übler Scherz seiner Mitarbeiterinnen? Wo war die versteckte Kamera? Er saß bewegungslos am Küchentisch und versuchte einen klaren Gedanken zu fassen. »Ein frühes Geständnis macht sich bei so was immer gut«, fuhr die Polizistin aufmunternd fort und sah ihn erwartungsvoll an.

»W-w-was, ich … ich …«, stotterte der Arzt nur. Plötzlich wurde ihm der Ernst der Lage bewusst. Diese Polizisten glaubten, er sei ein Vergewaltiger, ein feiger Gewalttäter – er, der immer freundliche Landarzt!

Mit der Durchsuchung begann ein Albtraum, der sich über Monate zog. Jan wurde geraten, sich einen örtlichen Anwalt zu nehmen. Der ließ sich die Akten kommen und riet wiederum, vorerst vom Schweigerecht Gebrauch zu machen. Wie betäubt ging Kirchner seiner Arbeit nach. Seine Mitarbeiterinnen – außer Lilli, sie hatte sich krankgemeldet – warfen ihm sorgenvolle Blicke zu, die Sache hatte sich natürlich wie ein Lauffeuer herumgesprochen. Lillis Kolleginnen machten Aussagen bei der Polizei: dass Lilli schon seit Monaten in der Praxis davon gesprochen habe, wie »scharf« sie auf den Chef sei und wie »heiß« er aussehe. Dass sie auf der Weihnachtsfeier mit ihm geflirtet habe. Dass niemand in der Praxis sich vorstellen könne, dass der Chef seiner Angestellten Gewalt angetan hat.

Auch Lillis beste Freundin Dana ging zur Polizei, um eine Aussage zu machen. Lilli habe zugegeben, nach ihrer Nacht mit dem Arzt auf ihrem Handy etliche Nachrichten ihres eifersüchtigen Ehemanns vorgefunden zu haben. Und deshalb in Panik geraten sei und erfunden habe, dass sie vergewaltigt worden sei. Aus dieser Notlüge sei der ganze Schlamassel entstanden.

Einige Wochen später wurde tatsächlich Anklage erhoben: Dr. Jan Kirchner sollte sich vor einem Schöffengericht wegen Vergewaltigung seiner Arzthelferin Lilli V. verantworten. Dass dann auch die örtliche Zeitung über die Vorwürfe berichtete, warf den Angeklagten völlig aus der Bahn. Die Leute begannen ihn auf der Straße zu meiden. Patienten verließen in Scharen seine Arztpraxis, es gab nur wenige, die zu ihm hielten. Der Ort spaltete sich in zwei Lager, mit der friedlichen Stimmung war es vorbei. Plötzlich war er wieder der Fremde, der Zugereiste. Kirchner setzte all seine Hoffnungen auf die Gerichtsverhandlung. Er würde Lilli sehen und endlich erfahren, was hier gespielt wurde. Alles würde sich endlich aufklären.

Dann war der Tag des Prozesses am Amtsgericht gekommen. Als Lilli zur Belehrung in den Saal gerufen wurde, versuchte Jan ihren Blick einzufangen. Doch sie schaute nur stur geradeaus. Bis zu diesem Augenblick hatte der Arzt gehofft, dass alles nur ein schreckliches Missverständnis sei und dass Lilli die Vorwürfe vor Gericht entkräften würde. Diese Zuversicht konnte er vergessen. Als Angeklagter gab er das an, was aus seiner Sicht in der fraglichen Nacht passiert ist. Jetzt hatte er auch keine Hemmungen mehr, zu erzählen, was Lilli ihm gebeichtet hatte, dass sie in ihrer Ehe unglücklich sei und sich nach erfüllendem Sex gesehnt habe.

Dann wurde das mutmaßliche Opfer in den Zeugenstand gerufen. Doch was Lilli sagte, ließ den Arzt an seinem Verstand und der Welt zweifeln. Sie sei sehr betrunken gewesen. Jan hätte nach der Weihnachtsfeier eigenmächtig die Route des Taxis geändert und sie gegen ihren Willen mit zu sich nach Hause genommen. Weil sie so viel Alkohol im Blut hatte, habe sie sich nicht mehr richtig wehren können. In seinem

Wohnzimmer habe der Doktor dann versucht sie zu küssen, und als sie diese Küsse nicht erwiderte, habe er sie – nicht allzu heftig, aber doch mit einiger Gewalt – auf die Couch gedrückt. Sie sei betrunken gewesen und erinnere sich nicht genau. Sie wisse aber eines, nämlich, dass sie immer wieder »Nein, hör auf!« gesagt hätte. Jan jedoch habe ihren Rock und die halterlosen Strümpfe heruntergerissen und sie vergewaltigt. Irgendwann sei er eingeschlafen. Erst dann sei es ihr gelungen, aus dem Haus zu fliehen. Von dort aus habe sie ihrem Ehemann, der sich schon gewundert hatte, wo sie blieb, alles berichtet. Er habe sie gegen 6:30 Uhr zur Polizei begleitet, wo sie gegen ihren Chef Strafanzeige erstattet habe.

Wie gelähmt saß der Mediziner auf seinem Stuhl. Er erkannte Lilli nicht wieder. Was redete diese Frau denn da? Aber vielleicht glaubt man ihr diesen Quatsch sogar, schließlich würde das passen. Der frisch geschiedene Chef, seit Monaten ohne Sex, und die hübsche junge Mitarbeiterin. Dazu der ganze Alkohol auf der Weihnachtsfeier – und schon ist die Nummer rund. Doch bereits nach wenigen Augenblicken hatte er sich wieder gefangen. Lilli log wie gedruckt. Und das würde ans Licht kommen.

Nun wurde Dana als Zeugin aufgerufen. Sie wiederholte überzeugend, was sie bereits in ihrer polizeilichen Vernehmung angegeben hatte. Dass Lilli, als beide noch eng befreundet waren, zugegeben hatte, die Geschichte von der Vergewaltigung durch ihren Chef erfunden zu haben, um ihren eifersüchtigen Ehemann zu beruhigen. Schließlich sei Lilli die ganze Nacht weg gewesen. Ihr Bubi-Ehemann misstraue ihr ohnehin schon ständig, zumal sie so heiß aussehe und freie Wahl bei Männern hatte. Als sie dann frühmorgens im Taxi saß, auf dem Weg von Jan nach Hause, habe sie über achtzig Anrufe und über hundert SMS ihres Mannes vorgefunden. Weil sie keine andere Ausrede parat hatte, fiel ihr die Szene aus einem Kinofilm ein, wo eine Frau in ähnlicher Situation eine Vergewaltigung erfunden hatte.

Nach Danas Aussage wandte sich der Vorsitzende Richter an die Staatsanwältin:»Müssen wir nach dieser überzeugenden Entlastungsaussage wirklich noch weitermachen?«

»Aus meiner Sicht«, antwortete diese, »können wir die Verhandlung an diesem Punkt beenden.«

Kirchner atmete auf. Der Richter glaubte ihm. Die Staatsanwältin glaubte ihm. Der Albtraum schien endlich vorbei zu sein. Doch falsch gedacht. Das Gericht zog sich zur Zwischenberatung zurück. Geschlagene fünfundvierzig Minuten später trat der Vorsitzende Richter mit hochrotem Kopf aus dem Beratungszimmer in den Saal. Die beiden Schöffen folgten ihm und setzten sich mit strengen Mienen auf ihre Plätze. »Wir müssen doch weitermachen«, sagte der Richter mit gepresster Stimme. »Ich bin auch etwas erstaunt.« Weitere Zeugen wie die beiden anderen Arzthelferinnen aus der Praxis wurden vernommen. Gegen Mittag wurde schließlich das Urteil verkündet: Dr. Jan Kirchner wurde wegen Vergewaltigung zu drei Jahren Haft verurteilt.

Fast alle im Saal schnürte es ein wenig die Kehle zu. Der Vorsitzende Richter wirkte bei der (Fehl-)Urteilsbegründung peinlich berührt, als sei das Urteil gegen seinen Willen gefallen. Und so war es wohl auch: Die beiden Schöffen, also die Laienrichter, mussten ihn überstimmt haben. Sie glaubten nicht Jan, sondern Lilli. Und am nächsten Tag stand dann auch noch alles in der Zeitung.

Als der Verurteilte zu uns in die Kanzlei kam, um seine Berufung gegen das eklatante Fehlurteil zu besprechen, wirkte er wie ein gebrochener Mann. Nur seine beiden Mitarbeiterinnen hätten zu ihm gehalten, zahlreiche Patienten seien abgewandert. Auch mit seinem ursprünglichen Verteidiger war es zum Bruch gekommen.

Die Berufungsverhandlung vor der kleinen Strafkammer am Landgericht wurde sechs Monate später angesetzt. Und gleich zu Beginn wurde Jan kreidebleich. Denn auch eine Berufungskammer ist mit einem Berufs- und zwei Laienrichtern besetzt. Nicht schon wieder, dachte er sich. Doch diesmal lief alles nach Plan. Der Arzt konnte mit seiner Aussage überzeugen, diesmal auch die zwei Schöffen. Lilli dagegen, die in zweiter Instanz ebenso ihre feige Lügengeschichte wiederholt hatte, glaubte diesmal niemand ein Wort. Das erste Urteil wurde schließlich aufgehoben und unser Mandant freigesprochen. »Dieses Urteil ist nicht nur falsch, es ist total falsch«, hieß es in der Begründung des Freispruchs.

Führen wir uns vor Augen: Zwei Laienrichter ohne jede Ahnung von juristischen Vorgängen hätten einem engagierten Mediziner beinahe die Existenz geraubt. Immerhin berichtete die örtliche Zeitung auch diesmal ausführlich über den erfolgten Freispruch und die offensichtlichen Zweifel an der Richtigkeit der Angaben von Lilli.

Ein paar Tage später erhielt Jan einen anonymen Brief, der nur mit Buchstaben aus Zeitungsartikeln zusammengeklebt worden war. »Ich hatte mich in dich verliebt«, stand da, »Du warst für mich ein richtiger Mann, und den Sex in der Nacht mit dir werde ich nie vergessen. Es tut mir leid, was ich dir zugefügt habe.« Der Arzt nickte. Es war vorbei. Auf eine Strafanzeige gegen Lilli wegen falscher Verdächtigung verzichtete er. Er wollte endlich einen Schlussstrich ziehen.

SCHÖFFENDOMINANZ - ÜBERFLÜSSIG UND AUS DER ZEIT GEFALLEN

Ehrenamtliche Richter in deutschen Gerichtssälen haben rechtlich viel Macht – aber meist keine Ahnung von Recht. Und das ebnet den Weg für Fehlurteile. Es ist geradezu absurd, dass Schöffen mit der gleichen Stimme wie ein Berufsrichter über Schuld und Unschuld urteilen und diese teilweise überstimmen können. Kommen wir zurück auf das Beispiel des Laien im OP-Saal. Stellen Sie sich vor, Sie liegen im Krankenhaus, werden in den OP-Saal gerollt und der Mann im weißen Kittel und mit Skalpell legt folgendes Geständnis ab: »Ich habe weder Medizin studiert noch jemals einen Patienten behandelt. Ich bin zwar Metzger, aber mit den ganz feinen Messerchen habe ich es eigentlich nicht so – trotzdem werde ich Sie heute operieren.« Wer würde da wohl nicht die Beine in die Hand nehmen und notfalls auch im OP-Gewand Hals über Kopf flüchten? Denn wer will sein Leben schon in die Hände von jemandem legen, der nicht weiß, was er da tut?

Schöffen können Prozesse kaputtmachen, Existenzen gefährden. Das hat der Fall von Landarzt Jan in negativer Perfektion bewiesen. Da wurde um ein Haar eine berufliche Karriere zerstört, eine Arztpraxis in den Ruin getrieben, nur weil zwei Laienrichter letztlich mehr zu sagen hatten als der Profi. Das darf nicht weiter so bestehen bleiben.

Obendrein fallen Schöffen in Prozessen auch immer wieder mit unsachlichen Kommentaren auf, plaudern mit Zeugen auf dem Gerichtsflur, tragen Outfits, selbst Badelatschen und Fußballtrikots haben wir schon im Gerichtssaal gesehen, dass es einem teilweise die Sprache verschlägt. Dabei sollen sie das Vertrauen der Bürger in die Strafjustiz stärken und verhindern, dass Juristen ohne Kontrolle durch das Volk »heimlich« urteilen. Betrachtet man den Ansatz bei Licht, scheint er gnadenlos aus der Zeit gefallen. Laien an der Rechtsprechung zu beteiligen, mag in vorherigen Jahrhunderten eine sinnvolle Idee gewesen sein. Diese staubige Tradition bis in die heutige Zeit gerettet zu haben und an ihr festzuhalten, ist unserer Ansicht nach nicht nur nutz- und sinnlos, sondern auch alles andere als stringent. Denn warum kontrollieren Laien nicht auch Finanzämter, Botschaften oder Universitäten? Die öffentliche Kontrolle der Gerichte liegt schon seit Jahren in anderen Händen. Zum einen sind alle Strafverhandlungen, abgesehen von Verfahren gegen Jugendliche, öffentlich. Jeder interessierte Bürger kann sich jederzeit in den Publikumsbereich einer Verhandlung setzen und zuhören. Zudem werden viele Strafsachen medial beobachtet und somit einer breiten Öffentlichkeit vorgestellt. Und seien wir ehrlich: Die eigentliche Arbeit machen doch ohnehin die Berufsrichter. Schöffen sind oft nur störendes »Beiwerk«, nicht selten wirken sie gelangweilt oder dösen vor sich hin. Ein erfahrener Richter hat uns anvertraut, wie er stets seine Beratungen bei einem Schöffengericht einleitet: »So, liebe Schöffen, jetzt erkläre ich Ihnen mal, wie der Fall zu bewerten ist und was dabei rauskommt ...« Alle Laienrichter nickten artig und folgten dem »Chef«. Im Vertrauen hat derselbe Richter noch offenbart: »Es ist wichtig, dass man als Richter seine Schöffen im Griff hat. Wenn wir ehrlich sind: Sie bekommen eine Tasse Tee und sollen dann die Klappe halten.«

Unser Mindestansatz für eine moderne, faire und gerechte Rechtsprechung wäre: Will man an einer symbolhaften Kontrolle der Gerichtsbarkeit durch das Volk weiterhin festhalten, könnte man das Zahlenverhältnis der Richter beim amtsgerichtlichen Schöffengericht (und auch bei der kleinen Berufungskammer am Landgericht) doch einfach umkehren: zwei Berufs- und ein Laienrichter. Dann könnten Nichtjuristen die Profis nicht mehr überstimmen. Und krassen Fehlurteilen nicht weiter Tür und Tor öffnen.

KAPITEL 5

STAATSANWÄLTE: WENN JÄGER SICH VERBEISSEN

Krokodile sind einzigartige Jäger: Das körperliche Design der Panzerechsen ist so perfekt, es hat sich seit Millionen von Jahren nicht verändert. Augen und Nase liegen flach auf einer Linie oben am Kopf. Lauern die Raubtiere im Wasser, sind sie für ihre Beute fast unsichtbar. Die Allesfresser-Echsen attackieren, was sie erreichen können. Schnappen sie einmal zu, ist der Tod nur eine Frage der Zeit. Ihre Zähne verbeißen sich manchmal mehrere Minuten lang mit außerordentlicher Kraft in ihr Opfer, und sie ziehen es unter Wasser, um es zu ertränken. Denn kauen können die Kieferkraft-Champions gar nicht. Sie reißen ihre Opfer regelrecht in Stücke – um diese dann nach und nach gierig zu verschlingen.

Auf den Justizsektor übertragen, jagen Staatsanwälte mitunter ähnlich instinktiv, ähnlich gefährlich, ähnlich tödlich wie Krokodile. Nicht wenige Ermittlungsführer verbeißen sich in ihrem Ressort auch regelrecht in das Ziel und wollen ganz schnell den erstbesten Verdächtigen zur Strecke bringen. Der Schulterblick für dessen mögliche Unschuld bleibt vor lauter Jagdfieber und Profilsucht auf der Strecke. Ebenso werden immer häufiger Vorwürfe laut, dass einige Ankläger als moralische Über-Instanz agieren, mit im Grunde gar nicht gerechtfertigten Ermittlungen und die am Ende sogar mehr als fahrlässig die Zerstörung von Existenzen riskieren. Wie zum Beispiel im Fall des prominenten Wettermoderators Jörg Kachelmann, wo von vornherein ein ersichtlich zu Unrecht der Vergewaltigung Beschuldigter auf die Anklagebank gesetzt wurde. An sich ungeheuerlich, aber leider bitterer Alltag in Deutschland. Und bei diesem Prozess ist es nur aufgefallen, weil der Fall massiv in der Öffentlichkeit stand. Tausende ähnlich gelagerte Fälle, aber mit namentlich unbekannten Beschuldigten, gehen unter.

In den USA sind sogar mehrere Fälle bekannt geworden, bei denen Staatsanwälte Beweismaterial vor Todesurteilen absichtlich versteckt haben, weil sie sonst den Fall nicht hätten gewinnen können. Denn davon hängt in den Vereinigten Staaten nicht selten ihre Wiederwahl ab. Ein Fall ließ besonders aufhorchen: Nach einem Sechsfach-Mord in Texas im Jahr 1992 war der Mörder schnell ausgemacht. Weil der Staatsanwalt aber in dem festen Glauben war, dass der Mann die Tat nicht alleine hätte ausführen können, setzte er den geständigen Mörder unter Druck, einen Komplizen zu benennen. Der Mörder nannte daraufhin tatsächlich einen entfernten Verwandten. Zwar widerrief er seine Anschuldigung noch im Vorfeld der Gerichtsverhandlung, doch der Staatsanwalt verheimlichte diesen Widerruf sowohl gegenüber der Verteidigung als auch der Jury. So wurde schließlich auch der Verwandte zum Tode verurteilt. Obwohl der Mörder noch kurz vor seiner Hinrichtung beteuerte, dass sein Verwandter unschuldig sei und er das Verbrechen auf eigene Faust begangen habe, sollte es noch zehn Jahre dauern, bis das Fehlurteil bemerkt und die Freilassung des unschuldigen Todeshäftlings angeordnet wurde.

Hier in Deutschland sieht das Gesetz zwar klipp und klar vor, dass Staatsanwälte im Rahmen ihrer Pflicht zur Sachverhaltsaufklärung »nicht nur die zur Belastung, sondern auch die zur Entlastung dienenden Umstände zu ermitteln« hat (Paragraf 160 Absatz 2 Strafprozessordnung). Doch bei Weitem nicht jeder Ankläger hält sich daran. Das muss und kann man ganz nüchtern so feststellen. Die selbst ernannt »objektivste Behörde der Welt« ist hierzulande intern in zwei Lager zerrissen. Zahlreiche Staatsanwälte ermitteln absolut fair, transparent und objektiv, ein nicht unbeträchtlicher Teil erfüllt tendenziell aber eher die Rolle eines eindimensionalen, verbissenen Ermittlers – mit dem Ziel, um jeden Preis so rasch wie möglich einen Täter zu präsentieren. Ein solcher Ermittler ist sozusagen einer mit Tunnelblick. Also ohne jedes Interesse für möglicherweise Entlastendes auf der rechten oder linken Seite.

Dabei werden in einem Ermittlungsverfahren insbesondere bei der Staatsanwaltschaft elementar wichtige Weichen gestellt. Ein Gericht hat bis zu diesem Zeitpunkt erst einmal so gut wie nichts zu sagen. Gerade in diesem entscheidenden Stadium schaltet und waltet oftmals nur eine einzige Person. Wenn ein Ermittlungsführer bei der Staatsanwaltschaft sich in einen Fall »falsch« verbeißt, ist seine Macht groß, eine Kontrolle seiner Arbeit aber gleich null. Und wenn er am Ende versagt, sind die Folgen mitunter verheerend. Das zeigen zahlreiche Verfahren, bei denen es passiert, dass aufgrund eklatant menschlichen Versagens aufseiten der Staatsanwaltschaft Unschuldige überhaupt auf die Anklagebank gesetzt beziehungsweise Unschuldige sogar verurteilt werden.

Nachfolgend wollen wir exemplarisch einen besonders bemerkenswerten Fall staatsanwaltschaftlichen Verbeißens aus unserer Strafverteidigerpraxis näher beleuchten. Den Fall des satanistischen Mörders von Witten, Daniel Ruda, der auf der Zielgerade seiner langjährigen Häftlingszeit gefühlt beträchtlicher staatsanwaltschaftlicher Schikane ausgesetzt gewesen ist. Durch den in diesem Fall zuständigen Staatsanwalt wurden argumentative Verrenkungen unternommen, aus denen mit jeder Silbe blinder Verfolgungseifer floss und die nicht im Ansatz mehr nachvollziehbar waren – und das nur, weil man das Strafverfahren weiterhin unbedingt durchziehen wollte. Statt sich auf die uralte Weisheit »Du musst absteigen, wenn das Pferd tot ist« zu besinnen (und den Widerstand gegen eine Freilassung rechtlich und menschlich begründbar aufzugeben), wurde im Fall von Daniel Ruda das geltende Recht mehr als nur einmal verbogen. Frei nach dem Motto: »Was nicht passt, wird passend gemacht.«

EIN MÖRDER ALS MORDFLÜSTERER – EINE ANKLAGE WIE VOM TEUFEL GERITTEN

Der »Satansmord von Witten« ist bis heute eines der grausamsten Kapitalverbrechen der deutschen Kriminalgeschichte. Um eine »nutzlose Seele« zu opfern und in die »Armee Satans« aufgenommen zu werden, luden Manuela und Daniel Ruda (beide haben ihre Nachnamen schon seit vielen Jahren offiziell abgelegt) am 6. Juli 2001 einen dreiunddreißigjährigen Arbeitskollegen von Daniel Ruda zu einer Abschiedsparty in ihre Wohnung nach Witten ein. Schon das Klingelschild an der Wohnung des Satanistenpaars war bizarr: Dort stand nämlich tatsächlich »Kadaververwertungsanstalt«. Auf dieser Party metzelte das Satanisten-Ehepaar den völlig ahnungslosen Partygast mit sechsundsechzig Messerstichen, Hammerschlägen und Machetenhieben bestialisch zu Tode. Nach ihrer Festnahme behaupteten Daniel Ruda und seine Frau, sechsundzwanzig und dreiundzwanzig, Satan hätte ihnen den Mord befohlen. Den anschließenden Strafprozess nutzte das Paar als Bühne für eine beispiellose Selbstinszenierung. Sie schnitten Grimassen, gestikulierten mit ihren Händen, streckten ihre Zungen heraus, trugen wegen vermeintlicher Lichtscheu sogar im Gerichtssaal dunkle Sonnenbrillen. Damit forderten sie in provokanter Art und Weise die aus aller Welt erschienenen Pressevertreter heraus.

Am 31. Januar 2002 verhängte das Bochumer Schwurgericht wegen gemeinschaftlichen Mordes dreizehn Jahre Haft gegen Manuela Ruda und fünfzehn Jahre gegen Daniel Ruda. Das Gericht ging im Urteil davon aus, dass die satanistischen Ideen nicht nur vorgetäuscht und die Tat bei aller Brutalität nicht aus reiner Tötungslust begangen worden ist. Denn: Beide Mörder waren laut Urteil nur eingeschränkt verantwortlich für ihr Tun, und zwar aufgrund narzisstischer Persönlichkeitsstörungen. Daher konnten statt der üblicherweise vorgeschriebenen Strafe für Mörder (lebenslange Haft) in diesem Fall »nur« zeitige Haftstrafen verhängt werden. Als psychisch gestörte »Gefahren für die Allgemeinheit« wurde das Paar in geschlossene forensisch-psychiatrische Einrichtungen eingewiesen. Heute, zwanzig Jahre später, sind beide Mörder längst wieder frei. Manuela Ruda deutlich früher als ihr ehemaliger Mann. Dessen Weg in die Freiheit war insbesondere im letzten Drittel der Haftzeit gepflastert von einem Rückschlag nach dem anderen. Der Strippenzieher: ein von weiterer Verfolgung besessenes staatsanwaltschaftliches »Krokodil«.

Knapp sechzehn Jahre nach dem grausamen Ritualmord musste Daniel Ruda im Mai 2017 eine unfreiwillige und – wie sich wenig später herausstellen sollte – auch völlig überflüssige »Reise in die Vergangenheit« antreten. Der inzwischen ergraute Satansmörder musste noch einmal auf derselben Anklagebank im Bochumer Schwurgerichtssaal wie 2002 Platz nehmen. Die Staatsanwaltschaft hatte Daniel Ruda vorgeworfen, aus der Haft heraus die Ermordung seiner Ex-Frau Manuela geplant zu haben. Ausgeführt werden sollte die Tat angeblich von einer Brieffreundin, die sich als Pflegerin in die psychiatrische Anstalt einschleusen sollte, in der Manuela

Ruda gerade einsaß. Die Freundin sollte Manuela angeblich mit einem Knüppel erschlagen oder ihr Gift ins Essen mischen.

Dazu gibt es folgende Vorgeschichte: Diese Frau, die sich als Privatdetektivin ausgab, war am 23. Juni 2014 erstmals telefonisch an die Bochumer Staatsanwaltschaft herangetreten. Dabei hatte sie vorgetragen, dass sie von Daniel Ruda angeblich Drohbriefe erhalten habe und sie deswegen Strafanzeige erstattet hätte. Dass die vermeintlichen Bedrohungen nach den eigenen Schilderungen bereits Jahre zurücklagen, erzeugte bei der Staatsanwaltschaft noch kein Misstrauen.

Nur wenige Tage zuvor, am 18. Juni, war in der Lokalzeitung in Recklinghausen, dem Wohnort der angeblichen Detektivin, eine Meldung zu einer womöglich bevorstehenden Haftentlassung des satanistischen Mörders von Witten erschienen. Die Ermittler ließ das nicht aufhorchen. Wörtlich war in der Zeitung vermeldet worden:

Die Weichen stehen auf Freiheit: Knapp dreizehn Jahre nach der bestialischen Tötung eines Arbeitskollegen aus Datteln steht der Wittener Satanistenmörder Daniel Ruda (38) offenbar kurz vor der Freilassung. Ein psychiatrisches Gutachten sieht in ihm keine Gefahr mehr. Wörtlich heißt es: »Eine Entlassung ist eindeutig zu befürworten.«

Knapp drei Monate später wurde die Detektivin zur Staatsanwaltschaft Bochum vorgeladen und über zwei Stunden lang ausführlich befragt. Daniel war bis 2004 in der Psychiatrie geblieben, danach verbüßte er wegen Therapieverweigerung seine Haft in der Justizvollzugsanstalt Bochum. Sie erzählte, sie sei mit Daniel im Januar 2010 über eine Postkarte in Kontakt getreten. Im Jahr zuvor hätte sie ein Exemplar seines Buchs *Fehlercode 211* geschenkt bekommen, das sich mit dem grausamen Mordfall von Witten beschäftigte und in dem Daniel die Tat anfangs noch leugnete. Über die darin hinterlegte Widmungs-Postkarte entstand die Verbindung. Erst schrieben die beiden sich Briefe, dann kam es auch zu Besuchen. Dabei hatte sich die Detektivin offensichtlich in Daniel verguckt. Er hingegen hatte schon bald gemerkt, dass sie ihm äußerst merkwürdig, wenn nicht sogar verstört herüberkam. Diskussionsthema war sehr häufig der Mord an dem Arbeitskollegen. In der Vernehmung bei der Staatsanwaltschaft behauptete die Detektivin nun, dass Daniel Ruda sie angeblich schon 2010 zu einem Mord habe anstiften wollen:

Ich habe ihn vielleicht drei-, viermal Mal im Jahr 2010 besucht. Bei den Besuchen fragte er mich, ob ich Manuela für ihn umbringen könnte. Ich habe seine Ansinnen jedoch immer abgewiegelt, nach dem Motto: »*Dann komme ich doch selbst in den Knast.*«

Als angeblichen Beweis legte die Detektivin einen Brief vom 4. März 2010 von Daniel vor:

Bevor ich es vergesse, wollte ich dir noch für deine Einschätzung danken. Ich weiß zwar nicht, was dich so sicher macht, aber du liegst damit goldrichtig. Sag – die Bekloppte wohnt lediglich sieben Kilometer von deinem Haus entfernt?? Ist das doch so nahe? Fang doch dort als Pflegekraft an, ich würde dir auch 'ne ganze Menge für einen besonderen »*Dienst*« *zahlen, harhar.*

Mit »die Bekloppte« war natürlich Manuela gemeint. Die Detektivin wähnte Manuela in großer Gefahr, machte Daniel Ruda, wo sie nur konnte, schlecht. Dass dieser ihr die Brieffreundschaft im Mai 2010 aufgekündigt hatte, ließ sie mehr oder weniger unter den Tisch fallen. Sie berichtete weiter von Daniels angeblichen Ausbruchplänen aus dem Bochumer

Gefängnis, von »anonymen Todeskarten«, die sie erhalten haben will (aber leider nicht vorlegen konnte). Einmal will sie sogar einen »selbst gebastelten kleinen Sarg« vor ihrer Haustür gefunden haben, häufiger seien Grablichter vor die Tür gestellt worden. Daraufhin sei sie umgezogen. Zum Schluss ihrer Befragung bei der Bochumer Staatsanwaltschaft legte sich die Detektivin fest:

Ich halte den Daniel Ruda für extrem gefährlich. Ich meine, er ist lebensgefährlich. Er manipuliert die Leute, nur damit er entlassen werden kann. Ich könnte mir sehr gut vorstellen, dass er die Manuela umbringen wird, wenn er rauskommt.

Im Anschluss an die Befragung passierte seitens der Staatsanwaltschaft monatelang nichts. Zu den erhobenen Vorwürfen wurde Ruda erst auf mehrfaches anwaltliches Drängen hin ein einziges Mal kurz befragt.

Knapp eineinhalb Jahre gingen ins Land, als die Detektivin am 12. Februar 2016 erneut bei der Staatsanwaltschaft Bochum auftauchte und nachlegte. Sie überreichte den Ermittlern eine Kontaktanzeige aus dem Portal »Jail Mail«, in der ein gewisser Daniel unter Chiffre 4440/15/1975 mitteilte:

Charismatischer Werwolf (40), 184 cm lang, gepflegt und in Form, sucht Briefkontakt zu smartem Weibchen im Alter zwischen 30 – 50 Jahren. Humor und Intelligenz sind unbedingt erwünscht. Eine gewisse Affinität zu Blackmetal, Gothic und dem dazugehörigen Lebensgefühl wäre kein Hindernis. Wenn du magst, wartet ein vielseitiger, nach Werten lebender Mann auf deine Zeilen. Raum NRW von Vorteil.

Dazu muss man wissen: Daniel Ruda hatte sich bereits früh um eine vorzeitige Haftentlassung bemüht – nach zwei Dritteln der Haftzeit ist eine solche in der Regel möglich. 2011 und 2013 hatten Strafvollstreckungskammern an den Landgerichten in Bochum und Bonn seine Entlassungsanträge allerdings abgelehnt. Maßgeblich beteiligt war immer derselbe Bochumer Staatsanwalt, der eine vorzeitige Haftentlassung von Daniel Ruda erkennbar verhindern wollte. Mit der Folge: Zeitverzögerungen. Zusätzliche Gutachten wurden plötzlich von ihm beantragt und mussten eingeholt werden. Als mehrere Gutachter Daniel Ruda irgendwann Ungefährlichkeit bescheinigten, wurde seitens der Staatsanwaltschaft prompt Beschwerde eingelegt. Vorherige Gutachten, die zu einem gegenteiligen Ergebnis gekommen waren, wurden hingegen nie kritisch hinterfragt. Ein erstmals günstiger Bescheid durch das Landgericht Mönchengladbach wurde auf eine weitere Beschwerde der Bochumer Staatsanwaltschaft wieder gekippt.

Die Haftzeit von Daniel Ruda wurde länger und länger. Zur Begründung der Bochumer Staatsanwaltschaft für diese Verzögerung wurde vor allem das noch offene Verfahren um den vermeintlichen Mordauftrag hinsichtlich der Tötung von Manuela Ruda herangezogen. Und das, obwohl der Sachverhalt zwischenzeitlich von den bisher mit dem Fall befassten Strafvollstreckungskammern bereits ausführlich gewürdigt wurde. Diese Kammern hatten trotz Kenntnis des neuen Verfahrens die Entlassung von Daniel befürwortet.

Als schließlich im Mai 2017 der Prozess begann, saß Daniel Ruda immer noch im Gefängnis – dabei waren die 2002 verhängten fünfzehn Jahre Haft bereits abgelaufen. Die Haftdauer war verlängert worden, weil ein nur wenige Monate andauernder Aufenthalt in der geschlossenen Psychiatrie unmittelbar nach dem Urteil ausnahmsweise nicht auf die Haftzeit angerechnet wurde – und dementsprechend nachzuholen war.

Vor Gericht nannte Daniel Ruda die Vorwürfe eines angeblichen Mordauftrags grotesk. »Es gab keinen Mordauftrag«, sagte er den Richtern. Und benannte dann auch den Mann, den er für den wahren Falschspieler in der Angelegenheit hielt – den Ankläger: »Der Staatsanwalt hat in blindem Eifer eine völlig willkürliche Anklageschrift verfasst.« Ins Gesicht konnte er das dem verantwortlichen Staatsanwalt nicht sagen, weil sich dieser im Prozess von einer Kollegin vertreten lassen hatte. Die einstige Brieffreundin bestätigte die Vorwürfe zwar in ihrer Zeugenvernehmung – geglaubt hatte ihr aber niemand im Saal. »Er hat mir gesagt, dass seine Frau aus dem Weg muss. Und dass ich mir um Geld keine Sorgen zu machen brauche«, erklärte sie. Das Schwurgericht hatte aber nach mehrstündiger Vernehmung der Belastungszeugin irgendwann genug gehört und ließ »erhebliche Zweifel an der Glaubwürdigkeit« erkennen.

Die Urteilsbegründung glich einer Abrechnung: Das Schwurgericht überführte die Detektivin an mehreren Stellen als Lügnerin, insbesondere das umstrittene Zitat aus einem der Briefe (»Ich würde dir auch 'ne ganze Menge für einen besonderen ›Dienst‹ zahlen«) habe sie mit Blick auf die Informationslage offensichtlich selbst befeuert. Ihre gesamte »Geschichte« sei »von vorn bis hinten nicht richtig«, hieß es zur Begründung des Freispruchs. Immer wieder seien »neue Varianten aufgetaucht in der Aussage«, immer wieder habe sie »falsche Angaben gemacht«. Erklärungen dafür, warum sie ausgerechnet keinen der angeblichen Drohbriefe oder den Sarg aufbewahrt habe, sei sie angesichts eines (Jahre später) überreichten und akribisch foliierten Briefbündels schuldig geblieben. Auch auf die Frage, warum sie trotz eines bereits 2010 erhaltenen Mordauftrags erst vier Jahre später die Polizei alarmiert habe, konnte die Detektivin in den Augen der Richter keine überzeugende Antwort liefern. Einzig der Satz: »So jemand wie er dürfe nie wieder freigelassen werden«, sei keinesfalls eine Erklärung. Laut dem Urteil »heischte die Zeugin«

während dieses Satzes immer wieder um Zustimmung und nickte dem Publikum zu. »Insgesamt war ihr Auftreten durch eine öffentlichkeitswirksame Selbstdarstellung gekennzeichnet, die im direkten Widerspruch zu der von ihr zuvor geäußerten Angst vor einer Aussage steht«, urteilte das Schwurgericht. Auch einen entlarvenden Ausraster während der Zeugenaussage ließ das Gericht im Urteil nicht unerwähnt. Als Daniel Ruda sie während der Zeugenbefragung aufgefordert hatte, ihn nicht weiter zu duzen, war die Detektivin »völlig aus der Fassung geraten«, »sichtlich getroffen, schrie sie herum und war kaum zu beruhigen«. Das sei letztlich der entscheidende Hinweis gewesen, dass es ihr eigentlich um »verletzte Eitelkeiten« und »verschmähte Liebe« gegangen sei, weil Daniel Ruda die Brieffreundschaft mit der Frau 2010 offenbar selbst recht zügig beendet hatte. Und sie allein deswegen diese abstruse Geschichte aufgebracht habe, »um sich selbst zum Mittelpunkt eines medialen Interesses zu machen«.

Mit einem glasklaren Freispruch folgte das Schwurgericht sogar dem Antrag der Staatsanwaltschaft, deren Prozessvertreterin vor Gericht Rückgrat gezeigt hatte. Wenige Monate danach wurde Daniel dann freigelassen und zog mit einer neuen Lebensgefährtin und deren Kindern in ein ländliches Gebiet. Diese Frau hatte Daniel Ruda übrigens über die zuvor erwähnte »Werwolf-Kontaktanzeige« über Jail-Mail kennen- und lieben gelernt.

VERBISSENE VERLIERER

Am Ende stand zwar ein Freispruch – aber der Weg dorthin war unwürdig und ungerecht verkompliziert: Was der einst satanische Mörder von Witten, Daniel Ruda, zum

Schluss seiner Gefängniszeit erleben musste, gleicht einem Justizskandal.

Eine selbstverliebte und psychisch labile Zeugin gibt bei der Staatsanwaltschaft eine völlig abstruse, in sich unschlüssige und objektiv auch nicht ansatzweise zu belegende Geschichte über einen wegen Mordes verurteilten Strafhäftling zum Besten, der um seine vorzeitige Freilassung kämpft. Weil die Vorwürfe dem zuständigen Bochumer Staatsanwalt, der sich – warum auch immer – mit übermäßigem Eifer in einen höchstmöglichen Haftverbleib Daniel Rudas verbissen hatte, aber optimal in den Kram passen, werden sie auch verfolgt. Eigentlich war die Angelegenheit schon an anderer Stelle kurzzeitig eingestellt worden, doch der Bochumer Staatsanwalt zog sie später wieder an sich. Und erreichte damit sein vorrangiges Ziel: Daniel Rudas Haftentlassung immer weiter zu torpedieren.

Jeder vernünftige Jurist hätte bereits nach kurzer Schlüssigkeitsprüfung abgewunken, weil ihm die Formulierung eines hinreichenden Tatverdachts körperliche Schmerzen bereitet hätte. Dem zuständige Ermittlungsführer war das egal, ihm ging das anscheinend locker von der Hand. Dass die Geschichte von einem angeblichen Mordauftrag schon allein zeitlich nicht passen konnte – für ihn kein Problem. Dass sich zuvor bereits sechs Berufsrichter aus unterschiedlichen Strafvollstreckungsklammern zu den Vorwürfen klar positioniert und sie als »frei erfunden« eingestuft hatten – für ihn auch kein Problem. Dass nicht ein einziger behaupteter Drohbrief von der Belastungszeugin vorgelegt werden konnte – für ihn auch kein Problem. Dass die merkwürdige Zeugin (ausgewiesen durch eine Visitenkarte, die eine Person in einer dunklen Umgebung mit einer leuchtenden Taschenlampe darstellt) sich erst geschlagene vier Jahre nach dem angeblichen Mordauftrag zu Wort meldete – für ihn auch kein Problem. Und dass das ausgerechnet nur wenige Tage danach passierte, nachdem ein Zeitungsartikel über die Freilassungsbemühungen des verurteilten Mörders erschienen war – für ihn ebenfalls kein Problem.

Stattdessen verfasste der Staatsanwalt eine Anklage auf dem Fundament der Lügengeschichte und behauptete dabei wahrheitswidrig auch noch, dass Daniel Ruda den objektiven Ablauf der Geschichte nicht in Abrede gestellt habe. Ebenso unzutreffend wurde behauptet, dass das angeblich anvisierte Mordopfer Manuela Ruda die Gefährlichkeitsprognose der Detektivin geteilt hat. In Wahrheit enthielt die Akte eine genau gegenteilige Feststellung. Wörtlich hieß es in einem Beschluss der Strafvollstreckungskammer Bochum vom 15. September 2016:»Die Vernehmung der Ex-Frau des Verurteilten brachte keine weiteren Erkenntnisse. Diese hat von einer Bedrohung ihr gegenüber nie etwas mitbekommen und von einer einverständlichen Scheidung berichtet. Zu Gewalttätigkeiten des Verurteilten ihr gegenüber sei es nie gekommen.«

Auch die Angaben von Daniel Ruda stießen bei dem Staatsanwalt auf taube Ohren.»Die Frau hat mich dreimal besucht. Ich habe ihr dann gesagt, dass ich kein Interesse habe. Und dann kamen irgendwann die Anzeigen«, hatte Daniel Ruda erklärt. Ein Mordauftrag aus dem Knast heraus?»Alles Unsinn.«

Unter dem Strich bleibt die bittere Erkenntnis, dass Daniel Ruda, dessen fünfzehnjährige Haftzeit bereits im Juli 2016 abgelaufen war, mehr als ein Jahr Freiheit gestohlen wurde. Und das letztlich maßgeblich auf Betreiben eines Staatsanwalts, der selbst das später eingeleitete Ermittlungsverfahren gegen die Detektivin wegen Verleumdung, übler Nachrede und mittelbarer Freiheitsberaubung an sich gezogen und folgenlos eingestellt hatte: ein Staatsanwalt, der sich dermaßen in diese Sache verbissen hatte, der die Wahrheit nicht wahrhaben wollte, der rechtsstaatliche Abläufe ignorierte, der seine ganze Machtfülle zum taktischen Zeitspiel ausbaute. Und der letztlich im entscheidenden Moment der gerichtlichen Feststellung der Lügengeschichte auch noch durch Abwesenheit glänzte und als Vertreterin eine junge Kollegin zum Prozess geschickt hatte. Diese hatte durch ihren Freispruch-Antrag immerhin ein Stück weit die Ehre der Staatsanwaltschaft gerettet.

KAPITEL 6

KANTINENSOLIDARITÄT: KUHHANDEL BEIM MORGENKAFFEE

Tachchen Anke, na, wie ist die Lage bei dir? Wie läuft denn dein Prozess mit der Vergewaltigung?

Ach, weißt du, Ralf, eigentlich ist alles sonnenklar. Nur die Verteidigung stellt sich mal wieder dümmer, als die Polizei erlaubt. Und haut einen Beweisantrag nach dem anderen raus. Geht mir langsam auf den Keks das Ganze.

Ist da nicht der schnöselige Rechtsanwalt Nordmann drin? Der saß bei mir auch vor ein paar Wochen in einem Prozess. Aalglatter Typ. Und vor allem ein Schwätzer, der seinen Kopf immer nur wichtig in jede Kamera hält und dem die Presse regelrecht an den Lippen hängt. Dabei will der doch nur Publicity. Dem musst du von Anfang an zeigen, wer den Hut aufhat. Anträge von ihm – ablehnen, ablehnen, ablehnen. Frag mal die Jungs von der sechsten Kammer, die haben dem letztens richtig einen verbraten. Danach ist der mit hochrotem Kopf aus dem Saal gestolpert. Was sagt denn der Ulli von der StA (Anm.: Staatsanwaltschaft) dazu? Ist das nicht seine Anklage gewesen?

Ja. Zwischen Ulli und mir ist doch schon seit Wochen alles klar. Knick, Knack, du weißt Bescheid. Der Mistkerl fährt ein, aber hallo. Doch der Nordmann meint natürlich mal wieder, er könnte uns und den Schöffen klarmachen, dass auch diesmal wieder ein Unschuldslamm auf der Anklagebank sitzt und das Opfer lügt. Dabei haben wir ein Eins-a-Glaubwürdigkeitsgutachten über die Frau von der Dr. Schmidtgruber drin in der Akte. Zwar Borderline, ja, und auch sonst noch ein paar Kleinigkeiten. Aber trotzdem unterm Strich kein Anlass zu Zweifeln.

Von der Schmidtgruber? Wie will der Herr Staranwalt denn da noch was machen? Die Gutachten von der sind doch immer Weltklasse. Deswegen ist die ja auch so ausgebucht. Die nehme ich auch immer. Na ja, jeder ist seines Glückes Schmied.

Genau. Jeder kriegt am Ende, was er verdient. Hoffe nur, wir kriegen das Verfahren vor meinem Urlaub noch zu Ende. Arno und ich, wir wollen doch in fünf Wochen mit Lisa und Peter von der StA eine Woche nach Gran Canaria. Ins Hotel Bahía Feliz. Peter feiert dort seinen Fünfundfünfzigsten. Und wir haben ihm doch alle einen Fallschirmsprung geschenkt.

Stimmt. Bei dem Sammelgeschenk war ich auch dabei. Na, dann drücke ich mal die Daumen. Bis bald. Lass uns vorher noch mal wieder Tapas essen und hinterher zu uns auf die Terrasse. Habe für Arno auch einen besonders guten Gin in der Bar. Und grüß den Ulli mal von mir!

Zugegeben: Der obige Dialog zwischen Richterin Anke und Richter Ralf ist zwar im Detail fiktiv – dürfte im Kern der Realität vieler alltäglicher Gespräche aber ziemlich nahekommen. Denn so oder auf einem ganz ähnlichen Niveau laufen in einer Kantine eines deutschen Landgerichts wohl tagtäglich Unterhaltungen ab. Das können wir nicht nur aus unserer langjährigen Strafverteidigerpraxis versichern. Wir haben auffallend ähnliche Gesprächsfetzen in Gerichtskantinen auch schon in frühen Jahren, als wir selbst noch Rechtsreferendare waren, in Runden mit unseren richterlichen Ausbildern sozusagen »live on air« aufgeschnappt.

Fakt ist: In den allermeisten Gerichtskantinen wird mit breiter Mehrheit echte Solidarität unter Kollegen gelebt. Nicht nur Verbrecher bilden schon beim leisesten Gegenwind eine Wagenburg, halten im Großen und Ganzen zusammen. Und schon gar nicht schwärzt man sich gegenseitig an. Das ist ungeschriebenes Gesetz. Diese Art »Ganovenehre« gilt im großen Maß ebenso für Ärzte, wenn es beispielsweise um die berüchtigte zweite Meinung geht. Weiterhin für Rechtsanwälte, Handwerker und Journalisten. Wie heißt es dann immer so schön: Eine Krähe hackt der anderen kein Auge aus. Und genau diese Parole gilt auch und vor allem bei der Justiz.

In gar nicht wenigen Fällen ist eine falsch verstandene Kantinensolidarität die Achillesferse von Gerechtigkeit. Gehen wir zurück zu dem Kantinengespräch von Richterin Anke und Richter Ralf, beide ihres Zeichen Vorsitzende Richter von großen Strafkammern eines Landgerichts. Wenn der Bundesgerichtshof (BGH) beispielsweise auf die Revision eines Angeklagten hin ein Urteil von Richter Ralf wegen Rechtsfehlern aufhebt, ist es durchaus denkbar, dass die Akte im nächsten »Durchgang« auf dem Schreibtisch von Richterin Anke landet. An sich – so möchte es der Bundesgerichtshof – soll der Prozess völlig neu und neutral aufgerollt werden. Deshalb richtet über den Angeklagten in diesem Prozess auch nicht der ursprüngliche Richter erneut, sondern ein anderer Richter. Das Problem: Der andere Richter ist am selben Gericht tätig und ein Kantinenkollege des ursprünglichen Richters. Hand aufs Herz: Glauben Sie ernsthaft, dass

Richterin Anke in dem neuen Prozess das Urteil von Kantinen-kollege Ralf völlig unvoreingenommen überprüft? Glauben Sie etwa wirklich, dass Anke völlig entspannt den Angeklagten freispricht, den ihr Kantinenkollege Ralf ihr monatelang als absoluten Mistkerl dargestellt hat? Wir nicht! Stichwort: Krähe.

In deutschen Strafverfahren ist diese Kantinensolidarität durchaus bekannt, das kann man daran erkennen, dass nach einer zweiten erfolgreichen Revision eines Angeklagten im dritten Durchgang bei einem anderen Landgericht verhandelt werden muss. Stichwort: andere Kantine, keine Solidarität. Wir fragen uns ernsthaft: Warum wird diese Neutralitäts-Schwachstelle nicht abgedichtet?

Da Staatsanwaltschaften ihren Sitz stets am Standort eines Landgerichts haben, sitzen zu Pausenzeiten an den üblichen langen Kantinentischen Staatsanwälte und Richter oftmals direkt nebeneinander. Auch Sachverständige, Dolmetscher und der eine oder andere Anwalt – häufig diejenigen, die auffallend oft Pflichtverteidigungen bekommen – sind manch-mal Teil von derlei geselligen Gesprächsrunden. Es wird ge-plaudert, gescherzt, gelästert und sich auch mal über Belang-loses echauffiert. Es werden Kaffeekannen und Mettigel zu Geburtstagen aufgetischt, es wird von Fernreisen geschwärmt und über Fußball schwadroniert.

Aber selbst in juristischen Fragen und Themen wird in solchen gemütlichen Runden mitunter kein Blatt vor den Mund genommen. Aktuelle Fälle des einen Richters werden in großer Runde diskutiert, gegen involvierte Verteidiger im Prozess eines anderen oftmals überheblich geätzt. Kritische Gerichtsberichterstattung wird häufig zerpflückt. Nach dem Motto:»Das muss der ja schreiben, um Klicks und Auflage sicherzustellen.« Viele Richter entpuppen sich vielfach selbst als die größten Sensibelchen, wenn sie medial in einem schlechten Licht erscheinen, wenn sie ihre Entscheidungen kritisch hinterfragt sehen. Richter sind es nämlich in aller Regel gewohnt, das letzte Wort zu haben, genießen es dabei nicht selten in ihren Urteilsbegründungen, andere gnadenlos durch den Kakao zu ziehen. Gar nicht wenige Richter vermitteln sogar den Eindruck, als schwebten sie über den Dingen, als hielten sie sich für unantastbar.

An einem gesunden kollegialen Austausch unter Richtern, Staatsanwälten und anderen Beteiligten ist vom Grundsatz her nichts einzuwenden. Den gab und gibt es überall. Auch unter uns Strafverteidigern findet sich ein solcher. Da wir hier allerdings mögliche Ursachen für Fehlurteile aufspüren und aufzeigen wollen, kommen wir nicht umhin, aus unserer Sicht bemerkenswert bedenkliche Strukturen in deutschen Gerichtskantinen – geprägt durch eine Fraktion schwarzer Schafe – unter die Lupe zu nehmen. Die Normalität von justizinternen Schulterschlüssen nach innen und die unbedingte Verantwortung für rechtsstaatlich einwandfreie Entscheidungen nach außen sind nun mal zwei Seiten ein und derselben Medaille.

Wenn Richter untereinander teilweise unter Einbeziehung von Staatsanwälten beim Morgenkaffee strategische Absprachen und Winkelzüge gegen einen Angeklagten erkennen lassen, ist das ein Unding. Mit der Gerechtigkeit darf es keinen Kuhhandel geben. Nicht für hausintern vorgelebte Allianzen abseits der Gesetzestreue, wie beispielsweise die immer wieder gleiche Auswahl von linientreuen Sachverständigen, Dolmetschern und Pflichtverteidigern, die als »Geständnis-Begleiter« bekannt sind. Nicht für unverblümte Vorverurteilungen (»Der Mistkerl fährt so oder so ein. Den kenne ich, der ist schon länger ›Kunde‹ bei mir.«). Und erst recht nicht für ein falsch verstandenes Zusammenhalten um jeden Preis (»Wenn mein Kollege den schon verurteilt hat, läuft das bei mir natürlich genauso.«). Wenn justizinterne Strömungen dazu führen, dass die richterliche Entscheidungsunabhängigkeit ins Bröckeln gerät, ist das unseres Erachtens ein Brandherd für Fehlurteile.

Sowohl eine falsch verstandene Kantinensolidarität als auch gekränkte richterliche Eitelkeit durch Medienkritik können schon für sich genommen Fehlurteile produzieren. Wenn beide Faktoren zusammentreffen, zudem noch ein Bündnis mit der Staatsanwaltschaft hinter vorgehaltener Hand besteht, um die Justiz insgesamt nach außen reinzuwaschen, ist die Wahrscheinlichkeit eines Skandalurteils extrem hoch.

Genau so geschehen in einer der öffentlich bedeutendsten Justizschanden der letzten Jahre – im Fall Gina-Lisa Lohfink. Das It-Girl und Model wurde 2012 in Berlin nachweislich zum Opfer zweier Männer, die gemeinsam mit Lohfink in einem Sexvideo zu sehen waren, das gegen ihren Willen aufgenommen und verbreitet worden war. Lohfink wird in diesen Clips nicht nur in einem Zustand am Rande der Widerstandsunfähigkeit gezeigt, sie fleht auch ständig:»Nein, hört auf.« Und wird brutal behandelt. Paradox: Vor Gericht gestellt wurde am Ende die Anzeigenerstatterin Gina-Lisa Lohfink selbst – wegen falscher Verdächtigung. Ein Strafverfahren gegen die zwei verdächtigen Vergewaltiger war bereits vorher von der Staatsanwaltschaft vorläufig eingestellt worden. Für die Verbreitung der Videos gab es lediglich milde Geldstrafen.

GINA-LISA LOHFINK UND DAS IGNORIERTE NEIN

Der Tag, der das Leben von Gina-Lisa Lohfink, der ehemaligen Kandidatin von *Germany's Next Topmodel* (GNTM), bis heute nachhaltig verändert hat, liegt inzwischen mehr als zehn Jahre zurück. Es ist der 1. Juni 2012. Die Reality-TV-Darstellerin, bekannt geworden durch ihre erfrischend natürliche Art, war seinerzeit in Berlin Promi-Gast beim Kiss Cup, einem Charity-Fußballturnier. Nach dem Auftritt ging sie mit ihrer Managerin erst etwas essen, anschließend verschlug es beide Frauen in einen Nachtclub mit eigenem VIP-Bereich. Die Stimmung war ausgelassen und feuchtfröhlich. Ein junger Mann, der sich als Fußballer ausgab, kam mit Gina-Lisa ins Gespräch. Die beiden kamen sich schnell näher, verbrachten am Ende eine Liebesnacht in Gina-Lisas Hotelzimmer. Schon am nächsten Abend suchte sie wieder denselben Club auf. Weil am Vorabend durch ein Missgeschick ein Handkoffer der Gruppe um das Ex-Topmodel abhandengekommen war, gingen alle Drinks aufs Haus. Champagner, Wodka, Weißwein: Erst war Party angesagt, dann plötzlich ein Filmriss. »Ich weiß noch, wie sich ein Mädchen zu mir gesetzt hat. Das Nächste, woran ich mich erinnern kann, ist, dass wir in irgendeiner Wohnung sind und die zwei Typen auch da sind und dass wir weitergetrunken haben«, erinnert sich Gina-Lisa Lohfink später. Was danach passiert ist, ist aus ihrem Kopf wie ausgelöscht.

Als sie am nächsten Nachmittag in ihr Hotel zurückkehrte, stand sie immer noch völlig neben sich. Die GNTM-Kandidatin zog sich auf ihr Zimmer zurück. Erst als ihre Managerin am nächsten Morgen auf ihrem Handy Hunderte Anrufe, SMS, E-Mails und Medienanfragen entdeckte, kam langsam ans Licht, was in der Nacht zuvor passiert sein musste. Von Gina-Lisa Lohfink kursierten mehrere Sexvideos mit zwei Männern. Ihr dämmerte zwar jetzt etwas, sie erinnerte sich an ihren Flirt mit dem Fußballer und auch an einen weiteren jungen Mann. Doch immer noch wusste sie nicht genau, was in der fraglichen Nacht geschehen war. Erst als sie sich selbst auf den sich rasend schnell im Netz und den sozialen Medien verbreitenden Videos sah, wurde ihr klar, was passiert sein musste. Sie brach weinend zusammen. »Das bin doch nicht ich, das ist eine ganz andere Gina-Lisa«, sagte sie wieder und wieder. Zwei Wochen später erstattete sie Strafanzeige bei der Polizei.

Die Clips verbreiteten sich von Handy zu Handy, bei zahlreichen Redaktionen gingen E-Mails ein, es wurde versucht, mit den Videos Geld zu machen. Auch mehrere Redakteure erstatteten Strafanzeige. Das Videomaterial ließ kaum jemanden daran zweifeln, dass dort etwas Unrechtes geschehen war. »Jetzt geht's los!«, sagt einer der zwei Männer in einem Clip. Dann hört man, wie Gina-Lisa Lohfink ihm mechanisch nachspricht: »Jetzt geht's los.« Zwischen den Aufnahmen ist es mal Nacht, mal taghell im Raum. Das Model ist abwechselnd betrunken, schlafend, wach, tanzend, trinkend, sprechend, bewegungslos auf dem Rücken liegend, lallend und wimmernd zu sehen. Schätzungsweise muss es mehr als zwölf Stunden am Ort des Geschehens zugebracht haben.

Wenn über den Fall Lohfink gesprochen wird, gehen die meisten davon aus – weil die Berichterstattung seinerzeit in den Medien auch vielfach falsch war –, dass Gina-Lisa Lohfink bei ihrer polizeilichen Vernehmung gesagt hätte: »Ich bin vergewaltigt worden von den beiden Männern aus den Sextapes. Ich habe K.-o.-Tropfen bekommen, die hat man mir heimlich eingeflößt.« Dabei hat sie Derartiges nie geäußert. Deshalb veröffentlichen wir nachfolgend exklusiv Auszüge der Originalvernehmung mit den entscheidenden Passagen. Jeder kann sich nun selbst ein Urteil bilden, ob diese Hinweise eine Anklage, geschweige denn eine spätere Verurteilung wegen falscher Verdächtigung zulassen.

5. November 2012, Polizeipräsidium Berlin

Frage (Polizei):
Bitte schildern Sie, was Ihnen passiert ist!

Antwort Gina-Lisa Lohfink:
Es sind zwei Jungs, die mit mir Geschlechtsverkehr hatten, den
ich nicht wollte. Ich finde es sehr, sehr traurig, dass man mir
das angetan hat. Das ist schon einmal passiert, so eine Video-
geschichte. Das war vor etwa fünf Jahren. Und jetzt ist es ein
zweites Mal passiert und auch gleich mit zweien. Ich habe
wirklich lange gebraucht, mich damit psychisch abzufinden,
dass es ein Video von mir gibt. Und auch meine Familie, wie
die drunter gelitten hat. Das ist unbezahlbar, den Schaden
kann kein Geld der Welt wieder richten, und dass es noch ein
zweites Mal passiert ist. Nicht nur, dass die beiden Jungs mir
Rufschädigung zugefügt haben, die haben mich gefilmt, ohne
dass ich es wollte. Das sind Wunden in mir, die kann man
nicht mehr heilen.

Frage (Polizei):
Kommen wir mal zu dem konkreten Ereignis!

Antwort Gina-Lisa Lohfink:
Das war Samstag, ich war hier geschäftlich zum Arbeiten ge-
wesen. Ich hatte hier mehrere Jobs. Ich war fast eine Woche hier,
von Mittwoch bis Sonntag. An diesem Samstag habe ich auch erst
mal gearbeitet, dann hatte noch meine Managerin Geburtstag
gehabt, mein Frisör ist angeflogen gekommen, der ist wie mein
bester Freund. Wir haben gesagt: »Na gut, gehen wir halt mal
feiern.« ... Dann habe ich irgendwann mal meine Managerin
und meinen Frisör weggeschickt. Ich habe gesagt: Lasst mich
mal alleine. Ich bin jeden Tag in einer anderen Stadt, ich brauche
mal Luft. Ich habe gesagt, hier sind doch alle lieb. Und an das
Letzte, woran ich mich erinnere, da saß ein Mädchen neben mir,
mit der habe ich mich unterhalten. Dann erinnere ich mich immer
noch so grob an manche Sachen, das ist so wie ein Filmriss, den
ich hatte. Ich erinnere mich an manche Sachen. Ich war wirklich

auch sehr, sehr besoffen, konnte kaum noch laufen, bin nur ge-
torkelt. Aber woran ich mich genau erinnere, dass die beiden mit
mir Sex gemacht haben und ich gesagt habe: »Nein, nein, nein.«
Ich bin weggerannt, habe versucht zu flüchten, habe »Hilfe, Polizei«
gerufen, bin von einem Raum in den anderen gerannt. Ich habe
auch zwischendurch geweint, ich war wie eingesperrt. Die haben
mich festgehalten, also die haben mich gehalten, ich konnte
nicht weg, Ich wüsste jetzt auch gar nicht mehr, wo die Wohnung ist. Ich kann mich auch gar nicht mehr daran erinnern,
wie bin ich vom Club dahin gekommen? Auf einmal diese
Wohnung. Ich könnte das Badezimmer noch grob erklären, das
Wohnzimmer, vielleicht auch noch das Schlafzimmer.

Frage (Polizei):
Wie oft waren Sie denn in der Wohnung?

Antwort Gina-Lisa Lohfink:
Einmal.

Frage (Polizei):
Und wie viele Stunden?

Antwort Gina-Lisa Lohfink:
Das kann ich Ihnen nicht sagen.

Frage (Polizei):
Wie kam es zu der Anzeige?

Antwort Gina-Lisa Lohfink:
Meine Managerin hat ein paar Stunden später einen Anruf
bekommen von der Bild-Zeitung und gesagt: »Sag mal der
Gina, die wollen uns ein Sexvideo von ihr verkaufen beim Sex
mit zwei Jungs und bieten das überall an.« Ich habe gesagt:

»Nein, nicht schon wieder.« Auch Fernsehsender, ganz viele Zeitschriften, die haben probiert, es überall zu verkaufen. Daraufhin habe ich gesagt: »Was ist los? Ich will das mal sehen.« Dann haben wir das zugeschickt bekommen, das war aber nur eins, die haben aber insgesamt drei veröffentlicht. Ich habe gesagt, ich lass mir so was nicht mehr gefallen. Wie schon einmal, wo das so ein bisschen unter den Tisch gekehrt wurde. Ich hatte damals nicht die Mittel, mir einen guten Anwalt zu leisten.

Frage (Polizei):
Es gibt ja jetzt zwei Anzeigen. Und zwar eine wegen Vergewaltigung und die andere wegen des Anfertigens dieser Videoaufnahmen und des Verbreitens.

Antwort Gina-Lisa Lohfink:
Ja. Dieses Wort Vergewaltigung ist ja so ein großer Begriff, das ist so schwer. Was ich dazu sagen kann, das ist sehr hart das Wort. Ich weiß nicht, wie das ist, wenn man Sex nicht will. Wenn man schreit »Nein, nein, nein« und »Polizei«. Wenn man festgehalten wird. Ich war nicht mehr zurechnungsfähig. Das sind Schweine in meinen Augen.

Frage (Polizei):
Wie haben Sie sich denn gefühlt?

Antwort Gina-Lisa Lohfink:
Gar nicht gut. Schwindelig. Besoffen. Eine Sache, die ich mir auch gedacht habe, kann ich jetzt nicht mehr nachweisen. Ich war schon beim Arzt gewesen. Ich hatte einmal mit 18 und einmal mit 23 K.-o.-Tropfen drin, da bin ich auch ins Krankenhaus gegangen. Der Arzt hat mir jetzt gesagt, dass man das nur 48 Stunden später nachweisen kann. Aber vom Gefühl her war das jetzt genauso.

Frage (Polizei):
Woran können Sie sich erinnern in der Wohnung?

Antwort Gina-Lisa Lohfink:
Da war so eine Couch, da war ein Computer, da war ein kleiner Tisch.

Frage (Polizei):
Was haben Sie gerade gemacht, als Ihre Erinnerung wiedereinsetzt?

Antwort Gina-Lisa Lohfink:
Alkohol getrunken. Getanzt. Nach dem Tanzen ist es dann auch passiert. Dann sind sie angekommen, haben mich angetanzt, wollten mich so ausziehen.

Frage (Polizei):
Beschreiben Sie das bitte mal ganz genau.

Antwort Gina-Lisa Lohfink:
Ja, die haben mich dann irgendwie gezogen auf die Couch. Ich bin dann auch noch die ganze Zeit weggerannt. Das macht mich ganz verrückt, dass man das in den Videos nicht sieht.

Frage (Polizei):
Wie kommen Sie jetzt darauf, dass es K.-o.-Tropfen gewesen sind?

Antwort Gina-Lisa Lohfink:
Das ist so ein Empfinden. Ich habe das ja schon mal erlebt. Ich kann es halt auch nicht mehr nachweisen. Das war mein Zustand. Das war das Gleiche wie damals, aber ich will denen ja auch nichts Falsches.

Frage (Polizei):
Können Sie sich denn an sexuelle Handlungen erinnern?

Antwort Gina-Lisa Lohfink:
Ja, dass die beiden halt Geschlechtsverkehr mit mir gemacht haben. Und mit beiden wollte ich wirklich nicht. Ich gebe alles zu, wenn ich Fehler mache. Ich bin ein Mensch, und Menschen machen Fehler. Aber das wollte ich nicht.

Frage (Polizei):
Woran konnten die beiden erkennen, dass Sie das nicht wollten?

Antwort Gina-Lisa Lohfink:
Weil ich »Nein, nein« gesagt habe, weil ich weggerannt bin, weil ich »Hilfe« geschrien habe, weil ich das Handy weggeschlagen habe und gesagt habe: »Was machst du hier? Hör auf, mach das scheiß Handy weg.«

Frage (Polizei):
Haben Sie Drogen konsumiert an dem Abend?

Antwort Gina-Lisa Lohfink:
Dazu sage ich nichts. (Auf Nachfrage) Ich denke schon, dass die was genommen haben. Was das war, möchte ich jetzt nicht sagen. Ich könnte deren Leben jetzt richtig zerstören. Aber wissen Sie, so bin ich nicht.

Frage (Polizei):
Wir spielen Ihnen jetzt die Videosequenzen vor, die wir gefunden haben.

Antwort Gina-Lisa Lohfink:
(Zeugin weint) Wie lange geht das denn noch?

Frage (Polizei):
Da können Sie sich ja frei bewegen in der Wohnung.

Antwort Gina-Lisa Lohfink:
Ja. Aber man merkt ja, dass ich das nicht will. Ich sage ja auch:
»Nein, nein. Hört doch auf.«

Frage (Polizei):
Nach einer Vergewaltigungsszene sieht es nicht aus.

Antwort Gina-Lisa Lohfink:
Ja, aber das habe ich auch gar nicht gesagt. Ich wollte das ein-
fach nur nicht. Das ist ja eine total andere Gina, die da zu sehen
ist. Aber nicht ich. (Kopfschütteln) Das ist echt widerlich, was
die mit mir machen ... Tse tse. Puh.

Frage (Polizei):
Was ist denn jetzt die Wahrheit?

Antwort Gina-Lisa Lohfink:
An diesem Samstagabend, das wollte ich nicht, die haben mich
ausgenutzt. Ich weiß nicht, in dieser Hinsicht bin ich trottelig.
Ich sehe immer im Menschen das Gute ...
Ich möchte bitte jetzt gehen, ich kann nicht mehr. Ich habe lange
genug geredet. Es reicht jetzt hier, ich will jetzt weg.

Ende der Vernehmung

Festhalten lässt sich zweifellos: Die Zeugenaussage von Gina-Lisa Lohfink ist für jedermann erkennbar deutlich zurück-haltend und ausgesprochen vorsichtig formuliert. »Ich will den beiden nichts Falsches«, sagte sie beispielsweise ausdrücklich. Während ihrer Vernehmung wird sie auch gefragt, wie sie darauf komme, dass ihr K.-o.-Tropfen verabreicht wurden. Dazu stellt sie klar, dass es nur ein Empfinden von ihr ist und sie gerade nicht behaupten kann, dass ihr tatsächlich K.-o.-Tropfen gegeben worden sind. Erst recht erwähnte sie mit keiner Silbe, von wem und bei welcher Gelegenheit sie K.-o.-Tropfen verabreicht bekommen haben soll. Nichtsdestotrotz warf die Staatsanwaltschaft ihr genau das vor, obwohl sie es nie gesagt hatte. Es erging ein Strafbefehl gegen Gina-Lisa Lohfink wegen falscher Verdächtigung. Sie entschloss sich, Einspruch einzulegen. »Ich zahl das nicht«, sagte sie. Und weiter: »Lieber geh ich ins Gefängnis.«

Im Juni 2016, exakt vier Jahre nach der ersten Begegnung von ihr mit den beiden Männern, kam es zum Prozess am Amtsgericht Tiergarten, der schließlich im August 2016 mit der Verurteilung zu einer Geldstrafe (20 000 Euro) endete. Gina-Lisa Lohfink hatte gleich am ersten Prozesstag mit der Justiz abgerechnet: Sie habe immer nach bestem Wissen und Gewissen die Wahrheit gesagt und wisse nicht, warum sie hier jetzt als Angeklagte sitze, beteuerte sie. Und weiter: »Eines weiß ich genau. Ich würde niemals wieder in meinem Leben, auch als Geschädigte, ohne einen Strafverteidiger zur Polizei gehen. Bedauerlicherweise verstehe ich heute auch, dass viele Frauen, obwohl sie Opfer einer Sexualstraftat geworden sind, aus Angst vor Konsequenzen in Bezug auf die eigene Person den Weg zur Polizei nicht mehr gehen. Ich finde es traurig, dass ich dies sagen muss, aber ich wusste nicht, dass man von der Geschädigten zur Täterin gemacht werden kann.«

Der Prozessverlauf war geprägt von beeindruckenden und skandalösen Vorkommnissen zugleich. Überaus beeindruckend war: Die Debatte über die dringend nötige Verschärfung des Sexualstrafrechts erhielt mit dem Lohfink-Verfahren fraglos entscheidenden Rückenwind – die nun geltende »Nein-heißt-

Nein-Regel« kam hier sozusagen zur Welt. Denn der Prozess am Berliner Amtsgericht war seinerzeit flankiert von einem riesigen Medieninteresse, sogar die *Washington Post* und *Radio Neuseeland* berichteten. Zur solidarischen Demonstration waren zudem an jedem Prozesstag Scharen von Feministinnen vor dem Gerichtsgebäude erschienen, die den Schlachtruf »Nein heißt Nein« skandierten.

Skandalös war hingegen: Sowohl in erster Instanz das Amtsgericht als auch später in höherer Instanz das Kammergericht ließen es – nach unserem Empfinden wider besseres Wissen – zu, dass trotz auf der Hand liegender Schwachstellen ein eklatantes Fehlurteil in Rechtskraft erwachsen ist. Im Zusammenspiel mit der Staatsanwaltschaft machten die Berliner Gerichte, verblendet von Sturheit, Kantinengehorsam und medialem Druck, das Opfer Gina-Lisa Lohfink zu einer Täterin.

EINE BEISPIELLOSE JUSTIZSCHANDE – WENN EIN OPFER GEOPFERT WIRD

Wir wissen es noch, als wäre es gestern gewesen: Die Richterin des Amtsgerichts Berlin-Tiergarten bat die Verteidigung im Jahr 2016 vor dem »Gina-Lisa-Prozess« in ihr Dienstzimmer. Vor ihr sitzend, fragte sie, ob die Sexvideos zum Fall Lohfink schon bekannt seien. Die Richterin betonte in diesem nicht öffentlichen Gespräch gleich zu Beginn: Die ihr gut bekannte Staatsanwältin, die als ausgesprochen erfahren gelte, habe mal wieder ganze Arbeit geleistet, sie habe äußerst gründlich und präzise ermittelt, und wir sollten uns gut überlegen, ob wir (wenn überhaupt) noch gegen die Höhe der ausgeurteilten Geldstrafe vorgehen wollen. Als sie hörte, dass ein Freispruch angestrebt werden soll, verdrehte sie die Augen und machte unmissverständlich klar, ihr Urteil gegen Lohfink steht unumstößlich – schuldig.

Auch wurde deutlich: Richterin und Staatsanwältin waren fest verzahnt, bildeten schon vor dem Prozess eine verschworene (Kantinen-)Einheit.

Ab diesem Moment war klar: Gina-Lisa Lohfink hatte nicht die geringste Chance auf ein faires Verfahren, blies ihr doch gefühlt von Anfang an die geballte (verbrüderte) Berliner Justiz in Orkanstärke ins Gesicht. Am Ende hatte das Model einfach zu viele Gegenspieler. Gegenspieler, die auf dem Rücken einer Angeklagten ihre eigenen Fehler verteidigten. Gegenspieler, die den Sachverhalt so verdrehten, dass man auf den Gedanken hätte kommen können, sie wären noch Studenten im ersten Semester. Gegenspieler, die eindeutig entlastende Umstände skandalös ignorierten und am Rande der Rechtsbeugung agierten. Angefangen von der Staatsanwältin über die Amtsrichterin bis hin zum Vorsitzenden Richter am Kammergericht. Und natürlich nicht zu vergessen – die Pressesprecherin der Berliner Justiz.

Dabei hätten sich alle Gegenspieler eigentlich nur auf das Wesentliche besinnen und eigene Eitelkeiten außen vor lassen müssen. Man hätte nur die von Gina-Lisa Lohfink tatsächlich erhobenen »Vorwürfe« gründlich und unvoreingenommen lesen müssen. Sie hat in der polizeilichen Vernehmung (als Zeugin!) ausdrücklich *nicht* behauptet, vergewaltigt worden zu sein. Im Gegenteil: Sie hat erklärt, dass sie gerade *nicht* sagen könne, vergewaltigt worden zu sein, sondern, dass sie eine Vermutung habe, dass man ihr K.-o.-Tropfen gegeben habe, dies aber nicht beweisen könne.

Dass an dieser Stelle eine ermittelnde Staatsanwältin die Vergewaltigungs-Akte (gegen die zwei Männer) zuklappt – geschenkt. Das mag angesichts der unklaren Videoszenen und Aussagen vertretbar sein. Aber wie um Himmels willen die Staatsanwältin es hinbekommen hat, in die für die Beschuldigten zurückhaltende Aussage Lohfinks die Gabe von K.-o.-Tropfen hinein zu fabulieren, bleibt ihr Geheimnis. Lohfink hat dies nie behauptet. Hinzu kam: Alles, was die beiden beschuldigten Herren betraf, wurde seitens der Staatsanwältin tiefenentspannt betrachtet. Sobald es aber um die Prominente Gina-Lisa Lohfink ging, wurde der Holzhammer herausgeholt. Dass dabei zuerst der Weg eines Strafbefehls (eine Art Urteil per Post ohne Hauptverhandlung) gewählt wurde, verleiht dem Ganzen sogar noch einen faden Beigeschmack: Denn man hat wohl darauf spekuliert, dass sie sich angesichts der pikanten Details nie und nimmer dagegen wehren, Einspruch einlegen und somit selbst einen Prozess erzwingen würde.

Schon mit Erlass des von der Staatsanwältin beantragten Strafbefehls durch die Amtsrichterin formte sich dann endgültig eine unheilvolle Berliner Kantinen-Allianz. Staatsanwaltschaft und Amtsgericht bemühten sich fortan nur noch darum, ihren eingeschlagenen Weg – egal ob falsch oder richtig – stur durchzuziehen. Öffentlich einen Fehler eingestehen, das wollte niemand.

Dass dann wir Verteidiger nach Prozessbeginn auch noch durch die verheerend unseriös und parteiisch agierende Berliner Pressesprecherin attackiert wurden, ließ die Allianz gegen Gina-Lisa Lohfink um weitere Gegenspieler anschwellen. Die Gerichtssprecherin hatte mit Blick auf das Erscheinen von mehreren männlichen Störern im Gerichtsgebäude behauptet, sie hätte »Hinweise darauf, dass die Störer von der Verteidigung ins Gericht bestellt worden seien«. Zum Hintergrund: Mehrere Männer hatten auf dem Gerichtsflur unsere Mandantin wüst als Nutte, Schlampe und Ähnliches tituliert. Die Pressesprecherin wollte durch ihre Lüge bei Pressevertretern den Eindruck erwecken, dass wir Verteidiger ein einziges Schauspiel inszeniert haben. Immerhin entschuldigte sie sich später bei uns für diese Dreistigkeit.

Der Gipfelpunkt in erster Instanz war letztlich aber der Umgang mit einer Entlastungszeugin. Durch reinen Zufall hatte sich in dem Verfahren eine Mitarbeiterin aus dem Bundesumweltministerium bei uns gemeldet, nachdem sie in den Medien von dem Prozess erfahren hatte. Die Frau hatte nach eigenen Angaben mit einem der zwei Männer, die Gina-Lisa Lohfink beim Sex gefilmt hatten, vor geraumer Zeit ein sehr ähnliches Erlebnis, schilderte ebenfalls einen K.-o.-Tropfen-Verdacht, wiederholte das dann auch im Prozess. Sie sagte so überzeugend aus, dass es für ein neutrales Gericht nur noch eine Möglichkeit gegeben hätte: Man hätte an dieser Stelle den Prozess beenden und Frau Lohfink vom Vorwurf der falschen Verdächtigung freisprechen müssen. Weder die Staatsanwältin noch die Amtsrichterin wollten sich diese Blöße vor der geballten Öffentlichkeit jedoch geben.

Weiter wurde stur auf eine Verurteilung hingesteuert. Die Staatsanwältin leitete zwar pro forma ein Ermittlungsverfahren gegen einen der Herren ein, stellte auch dieses aber wieder sang- und klanglos ein. Jede andere Entscheidung hätte ihren Ruf infrage gestellt. Bei jeder anderen Staatsanwaltschaft, das ist unsere Meinung, wäre sofort angeordnet worden, bei dem beschuldigten Herrn die Handschellen klicken zu lassen. Dass das Berliner Kammergericht später in der höheren Instanz den Fall Lohfink im Prinzip ausschließlich als Gelegenheit zur Abrechnung nutzte, passte ins traurige Gesamtbild der beteiligten Gegenspieler der Berliner Justiz. Der Vorsitzende Richter kümmerte sich in der Revisionsverhandlung juristisch kaum um die Angelegenheit, war stattdessen darum bemüht, verbal um sich zu schlagen und Gina-Lisa Lohfink und ihre Verteidiger zu blamieren.

Die rechtskräftige Verurteilung von Gina-Lisa Lohfink wegen falscher Verdächtigung ist und bleibt einer der größten Justizskandale der jüngsten deutschen Rechtsgeschichte. Wir hatten im Kapitel über lügende Zeugen herausgearbeitet, wie selten enttarnte falsche Verdächtigungen von Zeugen in Deutschland geahndet werden. Dass ausgerechnet die Prominente Lohfink für das angebliche Erfinden einer Vergewaltigung verfolgt und verurteilt worden ist, obwohl sie selbst weder gelogen noch von Vergewaltigung gesprochen hat, schlägt dem Fass den Boden aus.

Die vermeintliche Rettung des durch dieses Verfahren arg ramponierten Ansehens der verschworenen Teile der Berliner Justiz über eine gerechte rechtsstaatliche Entscheidung zu stellen, wirkt letztlich wie eine nochmalige Vergewaltigung Gina-Lisas. Dass sie vom Opfer zur Täterin gemacht wurde, ist ein katastrophales Signal an jede Frau, die eine Vergewaltigung anzeigen möchte. Und tatsächlich: Nach Abschluss des Verfahrens Lohfink haben wir in unserer Strafverteidiger-Kanzlei zahlreiche Anrufe und Zuschriften von potenziellen Vergewaltigungsopfern bekommen, die klipp und klar gesagt haben: Wenn Richter die Dinge so verdrehen, kann man nicht mehr zur Polizei gehen, ohne Angst zu haben, irgendwann auch so niedergemacht zu werden. Und Gina-Lisa Lohfink wird diese mehr von Hass und Hetze als von juristischer Objektivität geprägte Urteilsbegründung am Berliner Kammergericht wohl ebenfalls nie mehr vergessen können. »Jetzt weiß ich, wie sich Nazi-Opfer gefühlt haben müssen, die im gleichen Berliner Gerichtssaal zu Unrecht verurteilt worden sind«, vertraute sie uns später einmal an.

Sie muss damit leben, erst misshandelt und dann auch noch zu Unrecht verurteilt worden zu sein. Die juristischen Strippenzieher müssen damit klarkommen, öffentlich Vertrauen in die Justiz auf schändliche Weise verspielt zu haben.

KAPITEL 7

MINIMALVERTEIDIGUNG: ANWÄLTE ALS DOPPELAGENTEN

Stellen Sie sich vor, bei Ihnen wurde der Verdacht einer schweren Krankheit diagnostiziert und Sie benötigen dringend eine fachärztliche Untersuchung. Doch nicht Ihr Hausarzt, geschweige denn Sie selbst entscheiden über die Auswahl des medizinischen »Lebensretters«, sondern ausgerechnet der profitgierige örtliche Bestatter.

Diese absurde Vorstellung ist bei der Justiz Alltag, wenn es um die Auswahl eines Pflichtverteidigers für einen Beschuldigten in Strafsachen geht. Ein Tatverdächtiger wird verhaftet – und wer ihn letztlich als Anwalt verteidigt, bestimmt in einer Vielzahl von Fällen nicht der Beschuldigte selbst, sondern ein Richter. Und gar nicht selten sogar exakt der später für den Fall zuständige.

Die Gründe dafür können vielfältig sein: Zahlreiche Beschuldigte sind mit einer Haftsituation überfordert, kennen das ihnen zustehende Recht auf Auswahl eines Verteidigers ihres Vertrauens nicht. Polizeiliche Vorladungsschreiben werden ignoriert, Anklageschriften beiseitegelegt, darin enthaltene Belehrungen über die freie Verteidigerwahl gehen unter. Und wenn die häufig mitgeteilte Frist von sieben Tagen zur Benennung eines Wunschanwalts abgelaufen ist, ordnet das Gericht selbst einen Pflichtverteidiger bei – und das nach Gutdünken. Regeln für die Auswahl der Person des Pflichtverteidigers existieren nicht. Ein rechtsfreier Raum und ein wunder Punkt für richterliche Willkür in der deutschen Strafjustiz. An dieser unkontrollierten Auswahlpraxis der Gerichte wird zwar immer mal wieder Kritik laut. Veränderungen bleiben auf der Strecke. Die völlige Freiheit bei der Anwaltsbestimmung lädt einen Richter geradezu ein, im Zweifel nur solche Verteidiger auszuwählen, die in der Vergangenheit stets »gespurt« haben. Mit anderen Worten: Es werden die Pflichtverteidiger gewählt, die dem Gericht das Geständnis des Angeklagten auf dem Silbertablett servieren und möglichst keinerlei »Gegenwehr« leisten. Solche Anwälte sind häufig »Richters Liebling«, weil sie ein rasches und reibungsloses Verfahren garantieren. Man muss wissen: Richter werden nicht nach dem tatsächlichen Arbeitsaufkommen, sondern pauschal bezahlt. Nicht wenige Richter sind daher lieber bereits um dreizehn Uhr auf dem Tennisplatz, als mit einem kämpfenden Verteidiger im Gerichtssaal Zeit zu verschwenden. Daher gilt bei der Verteidiger-Auswahl zumeist das Motto: »Ein Anwalt, der bellt, wird nicht bestellt.«

Leidtragende dieser rechtsstaatlich üblen Masche sind die oft ahnungslosen Beschuldigten. Dass der eigene Anwalt und der oder die Entscheider am Richterpult insgeheim in Gedanken fest eingehakt und über das Ergebnis bereits einig sind, merken viele Angeklagte nicht. Und wenn sie es merken, ist es häufig zu spät. Die Zahl der Fehlurteile, die durch einen Schulterschluss zwischen kuschendem Pflichtverteidiger und Gericht zustande kommen, dürfte zum Fremdschämen hoch sein.

Die schwarzen Schafe unter den Anwälten betteln nicht selten wie Klinkenputzer. Auf einen Kaffee schauen sie in den Richterzimmern vorbei, hinterlassen ihre Visitenkarten und säuseln nicht selten ein Klagelied: »Der Anwaltsmarkt ist ein Haifischbecken. Ich kann kaum noch die Miete für meine

Kanzlei zahlen. Wenn Sie, verehrter Herr Vorsitzender, bei Gelegenheit mal an mich als Pflichtverteidiger denken würden, können Sie sich auf mich verlassen. Sie wissen schon, schnelles Geständnis, Rechtsmittelverzicht und so.« Solche bereitwilligen Doppelagenten unter den Verteidigern können mit einer Fülle von neuen Aufträgen durch das Gericht rechnen. Unter uns Strafverteidigern werden diese Figuren als »Gerichtsnutten«, »Robenständer« oder »Kellner-Anwälte« bezeichnet.

Es mag hart klingen: Diese »Kollegen« gehen sprichwörtlich über Leichen, sind »Bestatter« ihrer eigenen Mandanten.

CONSTANZE HIMMELREICH – ANWALTLICHE STERBEBEGLEITUNG

Wie schnell eine versteckte Allianz zwischen pflegeleichter Verteidigung und Gericht ein krasses Fehlurteil herbeiführen, zeigt das Beispiel der anwaltlichen Sterbebegleiterin Constanze Himmelreich.

Guten Tag, hier ist die Kanzlei Himmelreich – was kann ich für Sie tun?

Anrufer: Ich habe mehrere juristische Probleme. Zum einen hat mich mein Arbeitgeber gestern gekündigt. Können Sie mir helfen?

Constanze Himmelreich: Ja, selbstverständlich.

Anrufer: Wie der Teufel es will, habe ich auch noch einen Buß-geldbescheid bekommen – ich bin innerorts sechsunddreißig Kilometer pro Stunde zu schnell gefahren.

Die Anwältin: Ja, da kümmere ich mich auch gleich mit drum.

Constanze Himmelreich ist das, was man gemeinhin als Feld-Wald-und-Wiesen-Anwältin bezeichnet. Schaut man auf ihr Kanzleischild, bietet sie siebzehn verschiedene Rechtsgebiete an, von Verkehrs- über Mietrecht, von Pferderecht bis hin zu Arbeitsrecht, öffentlichem und privatem Baurecht, Familienrecht, Urheberrecht, Internetrecht oder Strafrecht. Constanze umhüllt sich mit der Aura einer juristischen Koryphäe. Kein Rechtsgebiet ist ihr fremd. Zentrales Ziel: Hauptsache, die Kasse klingelt und der nächste Pelzmantel ist gesichert.

Zudem schmeißt sie die ganze Kanzlei – eine fünfundzwanzig Quadratmeter große Einzimmerwohnung – selbst. Angestellte sind ein Fremdwort. Die Kosten sollen gefälligst niedrig gehalten werden. Die letzte juristische Fachliteratur hat sie vor über einem Jahrzehnt bestellt, seitdem schaut sie ab und zu mal ins Internet, was es so Aktuelles gibt. Ihre Haupteinnahmequelle sind nicht Mandanten, sondern der Vorsitzende Richter des örtlichen Schöffengerichts: Heinrich Tuschhoff, einundsechzig Jahre alt, alkoholroter Kopf. Seit Jahrzehnten schmeißt er im Alleingang das Schöffengericht, bezeichnet sich selbst als König und seinen Richterstuhl als Thron. Tuschhoff verteilt im Schnitt zwölf Pflichtverteidigungen pro Monat. Seine Wahl fällt in 98 Prozent aller Fälle auf Anwältin Constanze Himmelreich …

Seit Jahren ist das ein unausgesprochener Pakt zwischen den beiden. Ein sofortiges, ein umfassendes Geständnis des Angeklagten erspart umfangreiche Beweisaufnahmen. Richter Tuschhoff hat dann keinen Stress. Er weiß, wenn Anwältin Himmelreich vom »König« beigeordnet wird, gibt es immer ein Geständnis. Und nicht nur das: In fast allen Fällen erklärt sie für ihre jeweiligen Mandanten Rechtsmittelverzicht. Dies hat zur Folge, dass ein Urteil oftmals noch im Gerichtssaal rechtskräftig werden kann. Für Tuschhoff noch weniger Arbeit – in diesen Fällen ist es zulässig, eine Schmalspurversion eines Urteils zu schreiben. Anstatt fünfzehn Seiten häufig nur zwei Seiten Urteilsbegründung. Ach, wie ist das schön, der Tennisplatz ruft und nicht die lästige Richterstube.

Gertrud Mager hatte in ihrem Leben mit der Strafjustiz nie Kontakt gehabt. Vor über dreißig Jahren, als ihr geliebter Ehemann Hubert noch lebte, gab es einen Zivilprozess – da war sie das einzige Mal in ihrem Leben im Gerichtssaal. Es ging damals um eine harmlose Vertragsstreitigkeit mit einer Brauerei – sie betraf die gemeinsam betriebene Pension Waldschlösschen. Die Herberge mit ihren zweiundzwanzig Zimmern lag mitten im Wald und lief hervorragend. Hubert und Gertrud Mager teilten sich die Arbeit, er war für die telefonische Annahme der Reservierungsanfragen zuständig, pflegte den Garten und erledigte alle Reparaturarbeiten, Gertrud ihrerseits war eine geniale Köchin und exzellente Gastgeberin. Sie bewirtete die Gäste »Tag und Nacht«. Es gab nicht nur ein sagenumwobenes Frühstück mit frischen Eiern aus dem eigenen Hühnerstall, was insbesondere die dort untergekommenen Handwerker liebten, sondern sie zauberte auch noch – wenn die Monteure spätabends in der Pension eincheckten – einen einzigartigen Strammen Max in der Pfanne, mit hausgeschlachtetem Schinken und Spiegeleiern.

Nachdem Hubert verstarb – ein plötzlicher Herzinfarkt –, lebte Gertrud alleine in der Pension und hatte ihren früheren Lebensmut verloren. In der Coronazeit musste sie den Pensionsbetrieb aufgrund ausbleibender Gäste insolvent melden. Die 9000 Euro Soforthilfe brachten ihr noch sechs Wochen, danach war sie pleite.

Zwei litauische Monteure, die früher Stammgast im Waldschlösschen waren, schauten eines Abends nichts ahnend vorbei und sahen, dass die Herberge dauerhaft geschlossen war. Gertrud saß mit Bier und Schnaps alleine im ehemaligen Gastraum. Die beiden knapp dreißigjährigen Litauer klopften an die Tür und fanden eine völlig veränderte Pensionswirtin vor.

Was waren sie lange nicht mehr hier gewesen, ach, was hatte sich Gertrud verändert ... wo war bloß das einstige Strahlen dieser tollen Frau geblieben?, fragten sich die Monteure. Mit gebrochenem Deutsch verständigten sie sich mit Gertrud, die sich über den Besuch wahnsinnig freute. Sie gab ein Bier nach dem anderen aus, und auch der Schnaps kam nicht zu kurz.

Am späten Abend boten die beiden Männer an, dass man doch einen Deal machen könne: Man würde den total verwilderten Garten auf Vordermann bringen, man würde auch Reparaturarbeiten vornehmen, das einst so schicke Bad im Gastraum wieder herrichten. Gertrud hatte sich um nichts mehr gekümmert und war seit der Insolvenz ihres Betriebs depressiv. Die Witwe war, nachdem sie sich alles angehört hatte, begeistert. Das wär's doch: Vielleicht wird es ja doch noch etwas mit einer Wiedereröffnung. Die beiden jungen Männer bringen frischen Wind in das Waldschlösschen, dafür können sie einige Wochen kostenlos in der einstigen Pension übernachten.

Gesagt, getan! Von diesem Abend an wohnten die zwei Litauer in einem ehemaligen Doppelzimmer. Auch machten sie sich sofort daran, den Garten wieder in Schuss zu bringen. Das gefühlt zwei Meter hohe Gras war schnell gemäht, Unkraut wurde gejätet, die Hecke geschoren. Zu Gertruds größter Freude setzten die beiden auch neue Pflanzen in die Hochbeete, darunter den von ihr so geliebten Lavendel. Zudem dachten die beiden Männer mit: Sie pflanzten mehrere Kräutersorten an, die leidenschaftliche Köchin Gertrud in der Küche verwenden konnte. Ach, was war sie glücklich – endlich wieder ein Funken Lebenshoffnung. Die zwei Männer, die ihre Söhne hätten sein können, waren so nett.

In den folgenden Wochen bemerkte sie, dass die Litauer öfter mal wegfuhren. Kehrten sie zurück, hatten sie oft große blaue Müllsäcke dabei, die sie in das Doppelzimmer trugen. Gertrud scherzte einmal:»Seid ihr beiden von der Müllabfuhr?« Die Angesprochenen antworteten nicht und wechselten sofort das Thema. Gertrud kam dies ein bisschen komisch vor, dachte aber nicht weiter darüber nach.

Eines Tages traf sie aber der Schlag. Ihre beiden»Mitbewohner« waren schon frühmorgens um fünf weggefahren. Dies hatte Gertrud gehört. Der Motor startete, und der Wagen fuhr geräuschvoll über den Schotterkies. Dieses Geräusch hörte sie auch gegen sechs, wobei es dieses Mal länger dauerte und lauter war als das vorherige. Es fuhr auch nicht ein Auto vor, sondern fünf, allesamt Streifenwagen der Polizei, was sie gleich feststellen sollte. Gertrud lag noch in ihrem Bett, als ein ohrenbetäubender Knall sie hochriss. Sie lief in Nachthemd und Morgenrock hinaus und sah sich damit konfrontiert, wie vier Männer in grünen Kampfanzügen und mit Helmen auf dem Kopf vor ihr standen und schrien:»Keine Bewegung, SEK.« Gertrud wusste nicht, wie ihr geschah – offensichtlich hatte ein Sondereinsatzkommando ihre ehemalige Pension im Visier.

Als Nächstes wurde sie zur Seite gezerrt, ihr wurden Handfesseln angelegt, und man gab ihr zu verstehen:»Sie sind Beschuldigte in einem Strafverfahren – Sie müssen nichts sagen! Ihnen wird bewaffnetes Handeltreiben mit Betäubungsmitteln in nicht geringer Menge vorgeworfen!« Gertrud zitterte am ganzen Körper. Sie hatte überhaupt keine Ahnung, was hier los war. Dies erfuhr sie erst, als die Durchsuchung des Waldschlösschens begann. Einer der SEK-Beamten erklärte, es habe eine anonyme Strafanzeige gegeben, die einstige Pension sei ein großer Drogenbunker – man würde dort nicht nur kiloweise Marihuana und Kokain lagern, sondern auch scharfe

Waffen. Wer den Handel genau betreibe, sei unklar. Eine Durchsuchung sei aber sicher ein »Volltreffer«.

Gertrud war geschockt. Sie eine Drogenhändlerin? Das war ja vollkommen absurd! Man würde nichts finden – gleich würde sich ihre Unschuld herausstellen.

Doch es kam anders: Nach etwa fünfundsiebzig Minuten, die Gertrud mit gefesselten Händen im Gastraum auf einem Stuhl verbringen musste, kam der Leiter der SEK-Truppe und sagte:»Der Verdacht hat sich im Wesentlichen bestätigt – wir haben oben in einem Zimmer rund zwei Kilo Marihuana in einem blauen Müllsack gefunden, dazu Feinwaagen und typisches Verpackungsmaterial.« Zu Gertrud gewandt meinte er:»Sie sind vorläufig festgenommen, wir nehmen Sie mit zur Wache!«

Gertrud fühlte sich wie in einem schlechten Hollywoodfilm. Was wurde hier gespielt? Als sie dann – sie hatte sich noch umziehen dürfen – erkennungsdienstlich auf der Wache behandelt wurde (Lichtbilder und Fingerabdrücke), telefonierte der nun zuständige Polizeibeamte mit der Staatsanwaltschaft: Vorführung zum Haftrichter ja oder nein? Die Antwort vom anderen Ende der Leitung musste ein »Nein« gewesen sein. Jedenfalls erklärte der Polizeibeamte Gertrud, dass sie Glück gehabt hätte. Es seien zwar erhebliche Mengen Marihuana gefunden worden, allerdings keine Waffen, deshalb bestehe nur noch der Verdacht des Handeltreibens mit Betäubungsmitteln in nicht geringer Menge. Außerdem sei sie mit einundsiebzig Jahren in einem vorgerückten Alter – da lasse man noch mal Gnade vor Recht ergehen. Gertrud verstand kein Wort. Nur, dass sie nicht in Untersuchungshaft kommen würde, sondern wieder nach Hause durfte.

Seit diesem Erlebnis sprach sie dem Alkohol noch mehr zu. Ihr war zwischenzeitlich auch klar geworden, dass die beiden scheinbar so freundlichen jungen Männer ihre Gastfreundschaft ausgenutzt hatten. Offenkundig hatten sie in den blauen Müllsäcken ständig Drogen ins Waldschlösschen geschleppt. Sie fragte sich, ob sie besser hätte aufpassen müssen. Gertrud versank in Selbstvorwürfen und im Alkohol. Dies führte dazu, dass sie die eingehende Post in den kommenden Monaten kaum noch öffnete. Irgendwann musste ein Schreiben des örtlichen Schöffengerichts eingegangen sein, mit einer Anklageschrift. Vorgeworfen wurde ihr das, was ihr auch schon der Polizist auf dem Revier erzählt hatte:»Handeltreiben mit Betäubungsmitteln in nicht geringer Menge«. Hätte sie ihre Post gelesen, hätte sie vielleicht unten auf der Vorderseite den kleinen Zusatz wahrgenommen:»Sie haben das Recht auf einen Pflichtverteidiger. Binnen sieben Tagen können Sie einen Anwalt Ihres Vertrauens benennen, ansonsten ordnet Ihnen das Gericht einen Verteidiger von Amts wegen bei.«

Zehn Tage nach dem Eintreffen des amtlichen Schreibens erhielt Gertrud noch einen weiteren Brief des örtlichen Schöffengerichts. Darin stand, dass der Vorsitzende Richter Tuschhoff eine Pflichtverteidigerin ausgesucht habe, Constanze Himmelreich. Als Gertrud schließlich doch die Briefe zur Kenntnis nahm, merkte sie, dass der Alkohol ihr keine Hilfe war. Sie versuchte weniger zu trinken, was ihr auch gelang. Und sie schaute auch wieder in Ihren Postkasten. Irgendwann fand sie dort ein Schreiben ihrer Pflichtverteidigerin, sinngemäß stand in ihm:»Sehr geehrte Frau Mager, ich bin Ihnen als Pflichtverteidigerin beigeordnet worden. Bitte rufen Sie in meiner Kanzlei an und hinterlassen eine Nachricht auf dem Anrufbeantworter. Ich rufe Sie so schnell wie möglich zurück.«

Gesagt, getan. Das Telefongespräch verlief allerdings gänzlich anders, als es sich Gertrud vorgestellt hatte:»Sehr geehrte Mandantin, machen Sie sich keinen Kopf. Ich habe heute mit dem Richter in Ihrer Sache telefoniert und den Hauptverhandlungstermin abgestimmt. Wir sehen uns in sechs Wochen beim Amtsgericht. Haben Sie die Adresse?«

Gertrud war völlig überfordert: Sie hatte einen Besprechungstermin in der Kanzlei vereinbaren wollen, fühlte sich aber von Constanze Himmelreich überrumpelt. »Nein, könnten Sie mir bitte die Adresse geben?«, fragte sie.

»Goethestraße 7! Bitte seien Sie am Termintag fünfzehn Minuten vor der Hauptverhandlung da. Dort erkläre ich Ihnen dann, wie die Verteidigung läuft.« Gertrud wollte gerade zu einem »Aber sollen wir uns nicht vorher noch einmal ...« ansetzen, als sie von ihrer Anwältin bestimmend unterbrochen wurde: »Haben Sie mir nicht zugehört? Wir treffen uns fünfzehn Minuten vor der Verhandlung vor dem Saal – das habe ich Ihnen doch gerade schon gesagt. Ich habe alles im Griff, ich mache das Geschäft schließlich seit zwanzig Jahren und weiß, was ich tue.«

Constanze Himmelreich verabschiedete sich nicht einmal, sondern legte einfach auf. Gertrud hielt gefühlt noch fünf Minuten den Hörer in der Hand, bevor sie begriff, dass das Gespräch beendet war.

Es war diese forsche Unterredung, die sie wieder in ihre abgeklungene Depression stürzen und zur Flasche greifen ließ. Der Teufelskreis begann von Neuem: Die Post wurde nicht mehr geöffnet. Den Gerichtstermin sechs Wochen später hatte sie in ihrem Dauerrausch ausgeblendet und vergessen. Bis sie weitere fünf Wochen danach abermals morgens von der Polizei geweckt wurde: »Frau Mager. Ziehen Sie sich etwas über, wir nehmen Sie jetzt mit. Wir haben einen Vorführungsbefehl, Richter Tuschhoff verhandelt heute erneut gegen Sie. Beim letzten Mal sind Sie unentschuldigt nicht erschienen.«

Gertrud konnte sich noch etwas frisch machen, war aber noch sehr benommen vom Alkohol. Die Polizeibeamten brachten sie dann in die Haftzelle des örtlichen Amtsgerichts in der Goethestraße. Nachdem sie dort geschlagene drei Stunden bei stickiger Luft auf einer Liege gesessen hatte, öffnete sich die Tür: Constanze Himmelreich trat ein, wobei ihr Hauptaugenmerk auf ihrer frisch erworbenen Hermès-Tasche lag. Besorgt sagte sie zu einem anwesenden Justizwachtmeister: »Das exklusive Täschchen würde ich gerne in Ihre Hände geben, das nehme ich nicht mit in dieses Drecksloch von Zelle – allein diese Alkoholfahne meiner Mandantin, die dort herausweht – mir ist jetzt schon schlecht.«

Als Gertrud der Pflichtverteidigerin in die Augen schaute, fröstelte sie. Eiskalt, der Blick. Und dann erst die Ansage: »Ich hatte Ihnen doch mitgeteilt, dass wir uns beim letzten Mal fünfzehn Minuten vor der Verhandlung treffen. Wo waren Sie? Das ist doch kein Vergnügungspark hier. Kein Wunder, dass Sie Ihre Pension an die Wand gefahren haben. Ich sage Ihnen jetzt, wie das hier heute abläuft: Sie halten den Mund und lassen mich für Sie sprechen, bevor Sie hier noch mehr Mist bauen. Ich finde Ihre Alkoholfahne übrigens unerträglich.«

Gertrud zitterte nun am ganzen Körper. Sie wollte mehrfach ansetzen und erklären, dass sie völlig unschuldig sei, sie nichts mit den Drogen zu tun habe, sondern die beiden litauischen Männer, von denen sie nichts mehr gehört hatte, dafür verantwortlich sein müssen. Dazu kam es aber nicht, weil Himmelreich ihren Monolog fortsetzte: »Heute lassen wir komplett die Hosen runter. Es wird alles eingeräumt! Ohne Wenn und Aber! Schauen Sie etwas beschämt nach unten und entschuldigen sich als Allererstes dafür, dass Sie den letzten Termin verschwitzt haben. Ich werde erklären, dass Sie auf die aberwitzige Idee mit dem Drogenhandel gekommen sind, da Sie aufgrund Ihrer desaströsen finanziellen Situation so verzweifelt waren. Ich kann es Ihnen nicht versprechen, aber damit haben wir noch eine Chance auf eine Bewährung.

Das aber auch nur, weil ich an Ihrer Seite bin und Sie bislang nicht vorbestraft und im vorgerückten Alter sind. Wer weiß, ob Sie eine Haftstrafe überhaupt überleben würden.«

Gertrud war sprachlos. Plötzlich schoss es aus ihr heraus: »Ich habe doch nichts getan – ich bin absolut unschuldig. Es waren zwei litauische Männer. Ich habe gesehen, dass diese des Öfteren blaue Müllsäcke ins Haus transportiert haben. Ich wusste nicht, was da drin ist, und habe noch gescherzt: ›Tragt ihr da etwa Müll herein‹ Ich habe es doch nur gut gemeint, als ich die beiden dort habe umsonst wohnen lassen. Dafür haben sie mir doch den Garten gemacht und die Toilette repariert und …«

Bevor sie weiterreden konnte, unterbrach Himmelreich sie harsch: »Einen solchen Quatsch höre ich mir nicht an. Sie reiten sich mit einer solch abenteuerlichen Geschichte mit unbekannten Litauern immer tiefer rein, so bekommen Sie noch eine weitere Anklage wegen Steuerhinterziehung. Nach Ihrem Märchen haben Sie die beiden Unbekannten umsonst übernachten lassen gegen Vornahmen von Reparaturarbeiten. Tauschgeschäfte sind steuerpflichtig. Hier möchte jeder unschuldig sein. Ich sage Ihnen, was Sie sind: Sie sind schuldig – aber so was von schuldig. Deshalb machen Sie heute auch ein Geständnis. Ich diskutiere auch nicht weiter mit Ihnen, verstanden?«

Gertrud sank in der Zelle auf der kargen Liege zusammen. Alles Weitere, was dann passierte, ist in ihrer Erinnerung vernebelt. Irgendwann wurde sie vom Wachtmeister in den Gerichtssaal geführt.

Richter Tuschhoff thronte auf seiner Richterbank und sah Gertrud verächtlich an. Nachdem die Anklage verlesen worden war, wandte er sich an die ältere Dame: »Wenn Sie hier auch nur die allerkleinste Chance auf eine Bewährung haben wollen, empfehle ich Ihnen jetzt und hier, komplett die Hosen runterzulassen. Obwohl der Vorwurf an sich eigentlich zwingend eine Gefängnisstrafe nach sich zieht, könnte ich bei Ihnen ausnahmsweise ein Auge zudrücken. Da Sie bisher einen rechtschaffenen Lebenswandel hatten und der Drogenhandel wohl erst aufkam, als Ihre Pension wirtschaftlich an die Wand gefahren war. Zudem sind Sie in einem vorgerückten Alter. Wissen Sie, was Ihnen blühen würde zwischen all den jungen Junkie-Häftlingen im Frauenknast?«

Dann wandte sich Tuschhoff an Constanze: »Und Frau Verteidigerin, konnten Sie das Ganze mit Ihrer Mandantin besprechen?«

Die Pflichtverteidigerin erwiderte daraufhin: »Sehr wohl, Herr Vorsitzender, ich habe ausführlich mit meiner Mandantin die Vorwürfe erörtert – wir räumen alles ein. Die Angeklagte bedauert heute zutiefst, dass sie aufgrund der Insolvenz auf die völlig falsche Idee gekommen ist, in den Handel mit Marihuana einzusteigen. Sie sah keinen Ausweg mehr, weil die Pension keine Einnahmen mehr abwarf. Meine Mandantin bittet um eine milde Strafe durch das hohe Gericht.«

Die als Zeugen geladenen Polizeibeamten wurden nicht mehr gehört, die Beweisaufnahme geschlossen. Die Staatsanwaltschaft plädierte, und danach sagte Constanze Himmelreich noch einige warme Worte. Nach gut dreißig Minuten endete die Hauptverhandlung mit dem Urteilsspruch »Zwei Jahre Freiheitsstrafe, drei Jahre Bewährungszeit«. Was hieß: Gertrud muss sich drei Jahre straffrei führen, um nicht zwei Jahre hinter Gitter zu müssen. Auch sollte sie die gesamte Bewährungszeit über monatlich 50 Euro an die Drogenberatung zahlen, damit »mein Urteil nicht nur auf dem Papier steht, sondern Sie auch etwas spüren«, wie es Richter Tuschhoff nannte.

Der Vorsitzende gab ihr noch einen weiteren Satz mit auf den Weg: »Seien Sie froh, dass Sie so gut beraten worden sind und sofort gestanden haben. Jede andere Strategie hätte zwingend für Sie eine Gefängnisstrafe bedeutet.« Natürlich erklärte Himmelreich im Namen Gertruds Rechtsmittelverzicht. Auch die Staatsanwältin verzichtete auf Rechtsmittel, weshalb das Urteil noch im Gerichtssaal rechtskräftig wurde. Zuvor hatte die Pflichtverteidigerin zudem der Vernichtung aller Beweismittel zugestimmt – insbesondere der Mülltüten mit den zwei Kilogramm Marihuana.

ANS MESSER GELIEFERT VOM EIGENEN VERTEIDIGER

»Hat es Ihnen geschmeckt? Ich hoffe doch, es war alles zu Ihrer größten Zufriedenheit?« Solche Fragen fallen üblicherweise in Restaurants. Von Kellnern, die ihre Gäste umschmeicheln möchten.

In deutschen Gerichtssälen ist eine solche Kellner-Frage kaum angebracht. Und doch steht genau sie nicht wenigen Pflichtverteidigern zum Abschluss eines Prozesses regelrecht auf die Stirn geschrieben, wenn sie in Richtung Richterbank blicken nach dem Motto: »War es recht so? Hat es dem Gericht geschmeckt?«

Was sich anhört wie ein Märchen, ist bedauerlicher Alltag in deutschen Gerichtssälen. Nicht selten werden Lieblingsanwälte des Gerichts als Pflichtverteidiger ausgesucht, die vom Strafrecht keine wirkliche Ahnung haben. Und wenn doch, agieren sie eher in der Rolle eines zweiten Staatsanwalts denn als Verteidiger. Häufig sind diese »Kellner-Anwälte« schlecht vorbereitet und haben nur die Anklageschrift, nicht aber die Akten gelesen. Das Traurige: Viele Beschuldigte können gar nicht beurteilen, ob ein Anwalt Ahnung hat oder nicht, weil ihnen selbst entsprechende Rechtskenntnisse fehlen.

Dass sie zum Spielball einer »Anwalts-Nutte« geworden sind, merken sie oftmals erst, wenn es schon zu spät ist.

So wie Gertrud, bei der wir wegen der bereits eingetretenen Rechtskraft letztlich nichts mehr gegen das Fehlurteil des »Königs« Tuschhoff machen konnten. Auch eine Wiederaufnahme unter Hinweis auf fehlende DNA-Spuren an den Müllsäcken schied aus, weil die Beweismittel dank Himmelreichs Erklärung zwischenzeitlich vernichtet worden waren. Gertrud wurde von ihrer eigenen Verteidigerin verraten und verkauft. Und von einem Richter verurteilt, dem es ähnlich wie der Anwältin völlig egal war, ob er Recht oder Unrecht spricht.

Unsere Quintessenz: Die Auswahl des Pflichtverteidigers muss den Gerichten in dieser Form durch eine Gesetzesänderung untersagt werden. In den Fällen, in denen von Amts wegen ein Verteidiger beizuordnen ist und sich ein Beschuldigter nicht selbst darum kümmert, muss es klare Vorgaben für die Bestellung des Pflichtverteidigers geben. Am einfachsten wäre die Einführung einer Liste aller örtlichen Anwälte, die bereit sind, eine Pflichtverteidigung zu übernehmen. Diese Liste müsste von A bis Z abgearbeitet werden. Für Transparenz wird gesorgt, indem jedes Gericht die Listen bei der zuständigen Rechtsanwaltskammer einreicht und diese die Einhaltung einer fairen Verteilung überwachten. Dann gäbe es auch für die Pflichtverteidiger keinen Anreiz, sich anzubiedern, weil Richter nicht mehr willkürlich den Pflichtverteidiger aussuchen. Es wäre so einfach.

KAPITEL 8

POLIZISTEN: WENN FREUNDE SICH AM ENDE NUR SELBST HELFEN

Er ist neben den Klassikern für Waschmittel (»Da weiß man, was man hat«), Schokolade (»Quadratisch. Praktisch. Gut«) oder Rasierern (»Für das Beste im Mann«) fraglos einer der beständigsten, aber auch abgegriffensten Sprüche seit vielen Jahren:»Die Polizei – dein Freund und Helfer«.

Wer kennt diesen Evergreen nicht? Mit dieser Devise wollte der damalige preußische Innenminister Albert Grzesinski 1926 in einem Buch zur Berliner Polizeiausstellung das Bild der Polizei in ein besseres Licht rücken, sie sollte als warmherzig, bürgernah und hilfsbereit präsentiert werden. Entsprechende Polizei-Werbung bemüht den Slogan bis heute. Konstant hält sich die Vorstellung, Polizisten in Uniform sind der Bevölkerung stets eine Hilfe, wenn diese sie braucht. Viele sehen in Polizisten ausnahmslos couragierte und aufrechte Hüter von Recht und Ordnung.

Erst jüngste Skandale um »Racial Profiling« (polizeiliche Kontrollen oder Ermittlungen allein aufgrund eines physischen Erscheinungsbilds oder ethnischer Merkmale) und verbreitete rechtsextreme Strukturen in den eigenen Reihen lassen die Fassade der Ordnungshüter mehr und mehr bröckeln. Das öffentliche Bild von einer mit Augenmaß und Fingerspitzengefühl agierenden Polizei bekommt hässliche Kratzer. Zu Recht.

Um es in diesem Zusammenhang klar zu sagen: Es geht uns überhaupt nicht um ein generelles Polizei-Bashing. Wir schätzen die Arbeit der Polizei im Großen und Ganzen sehr. Leider führen übertriebener Verfolgungseifer sowie Missachtungen der Vorgaben der Strafprozessordnung aufseiten der Polizei dazu, dass bei der Justiz am Ende Fehlurteile fabriziert werden.

Dutzende Mandanten haben uns berichtet, dass sie vor einer ersten Beschuldigtenvernehmung auf der Wache anwaltlichen Beistand verlangt haben. Polizeibeamte sollen daraufhin aber nur spöttisch die Hand zu einem Telefonhörer geformt und abfällig grinsend erklärt haben: »Kein Anschluss unter dieser Nummer – Ihr Anwalt ist leider vorübergehend nicht zu erreichen.« Das ist ein eklatantes Lügenschauspiel, eine verbotene Methode. Aber: Fragt man die Polizeibeamten später im Gerichtssaal hierzu, wird ein solches Verhalten vehement abgestritten: »Selbstverständlich wurde der Beschuldigte ausführlich belehrt. Er wollte keinen Anwalt.«

Zwar sind Polizeibeamte keine Volljuristen, sondern durchlaufen nur eine juristische Schmalspurausbildung. Dennoch besteht kein Zweifel, dass rechtskonforme Abläufe einer Beschuldigtenbefragung inklusive des elementaren Rechts auf Hinzuziehung eines Verteidigers bekannt sein müssen – und sie es in 99,99 Prozent auch sind. Die oben beschriebene Situation ist nicht Unwissenheit geschuldet, sondern stellt kalkulierte Schikane dar. Viele Polizeibeamte bilden im Laufe der Zeit einen ungesunden und unfairen Verfolgungseifer aus und wollen um jeden Preis Ergebnisse präsentieren. Die Polizei mutiert vom »Freund« zum »Feind«.

Aber auch Schlampigkeiten sind ein großes Problem auf Polizeiebene. Wird bei den Ermittlungen schon früh geschludert, sind die Weichen für einen späteren Justizirrtum gestellt.

Oftmals lassen Polizeibeamte in den Vernehmungsproto-
kollen wichtige Punkte einfach weg. Vor allem entlastende
Umstände fallen gerne unter den Tisch. Das kommt vielfach
dann vor, wenn erst im Nachhinein ein Polizeibeamter ein
bloßes Gedächtnisprotokoll niederschreibt, er also mit seinen
Worten im Namen des Verdächtigen dessen Aussage formuliert – mitunter Stunden später. Das öffnet Tür und Tor für
das Ergebnis, das man aufseiten der übereifrig agierenden
Polizei auch protokolliert haben will – schuldig. Und wenn
eine solche polizeilich frisierte Aussage von einem Beschuldigten nachlässigerweise ohne Protest unterschrieben wird,
ist der Betroffene praktisch geliefert. Das gleiche gilt für
Zeugenaussagen.

Auch bei Lichtbildvorlagen mit dem Ziel einer Täteridenti-
fizierung durch Zeugen wird unserer Erfahrung nach polizeilich auffällig häufig geschlampt. Dabei gibt es klare Vorgaben.
Vorgelegte Lichtbilder sollen in etwa gleich groß sein und
ähnlich aussehende Personen zeigen. Zudem sollen die Fotos
nacheinander vorgelegt werden, und bevor das passiert, soll
der jeweilige Zeuge ausdrücklich darauf hingewiesen werden,
dass der Beschuldigte nicht unter den abgebildeten Personen
zu sehen sein muss. Das wird gemacht, um nicht einen falschen
Wiedererkennungsdruck auf den Zeugen auszuüben. In der
Praxis wird das aber teilweise komplett anders gehandhabt.
Häufig wird entweder nur ein einziges Lichtbild, nämlich das
des Beschuldigten, gezeigt oder eines unter mehreren dem Zeugen regelrecht aufgedrängt:»Gucken Sie sich dieses Bild doch
noch mal ganz in Ruhe an.« Der suggestive Effekt ist so hoch,
dass viele Zeugen deshalb sagen:»Ja klar. Das ist der Täter,
ich bin mir hundertprozentig sicher.« Obwohl es unter Umständen gar nicht stimmt, sondern die abgebildete Person nur
eine gewisse Ähnlichkeit mit dem wahren Beschuldigten hat.
Die Konsequenz: Ermittlungen konzentrieren sich auf einen

unschuldigen Beschuldigten, der im Extremfall auch noch verurteilt wird. Der wahre Täter kommt ungeschoren davon.

Auf fast schon kriminell unfaire, gewissenlose und egoistische Weise agieren Polizeibeamte nach unserer Erfahrung auch zunehmend in bandenmäßigen Tatkomplexen, ob im Drogenbereich oder bei Einbruchserien, bei denen eine »normale« Aufklärung nur durch einen Verräter möglich erscheint. Es werden etwa vorschnelle Verlockungen und Versprechungen gegenüber Beschuldigten gemacht, wenn Drogenverstecke und Lieferketten preisgegeben, Komplizen, Hintermänner und Mitwisser namentlich ans Messer geliefert werden. Einem Beschuldigten, der bereit ist, zum Kronzeugen und Verräter zu werden, dem legen Polizisten dem ersten Anschein nach regelrecht einen roten Teppich aus. Erst auf den zweiten Blick merken viele Beschuldigte, dass der Teppich, der ihnen ausgerollt wurde, nur ein biederer Bettvorleger ist, der ihnen den Weg ins Verderben geebnet hat.

Neuerdings wird für solche Aufklärungen durch Beschuldigte in der Rolle als Kronzeuge auch häufiger der Begriff »Snitch« oder »31er« verwendet. Der Begriff »31er« geht zurück auf Paragraf 31 des Betäubungsmittelgesetzes, wonach es Gerichten möglich ist, Strafen zu mildern, wenn ein Verdächtiger sich selbst und andere so richtig in die Pfanne haut. Nicht wenige Kronzeugen werden regelrecht angestiftet, mehr zuzugeben, als sie getan haben: »Je tiefer du hier die Hosen runterlässt, je mehr Hintermänner du uns verrätst, desto eher wirst du wieder bei deiner Familie sein«, locken nicht wenige Polizeibeamte.

Beschuldigte knicken ein und nicken alles und jedes ab, obwohl die Vorwürfe gar nicht stimmen. Im Extremfall werden sie und die zu Unrecht Verratenen zu jahrelangen Haftstrafen verurteilt, nur weil Polizeibeamte unerfahrenen Tatverdächtigen einen Bären aufgebunden haben. Häufig zeigen sich die vernehmenden Polizeibeamten bei all ihrer Überführungsgier bei den 31er-Verhören auch äußerst spendabel. Mal lässt ein Beamter eine große Portion Pommes mit Currywurst springen, oder es gibt ein Päckchen Tabak aufs Haus. Selbst extravagante Spezialwünsche werden erfüllt – von Erdnüssen über Überraschungseier bis hin zu Pornozeitschriften. Das wahre Ziel bei alldem: ein internes Lob für die schnelle Aufklärung von angeblichen Straftaten. Hauptsache das Ego des Ermittlers bekommt Aufwertung.

Als bei einem unserer Mandanten bei einer Durchsuchung einmal ein Kilo Marihuana im Keller seines Hauses gefunden wurde, hatten die Polizeibeamten genau eine solche Nummer abgezogen. Der Beschuldigte hatte noch nie mit der Polizei zu tun gehabt und zitterte am ganzen Leib. Er befürchtete irrig, dass er für dieses eine Kilo jahrelang ins Gefängnis gehen müsse.»Sie werden Ihre Kleinkinder frühestens wiedersehen, wenn sie zur weiterführenden Schule gehen«, sagte ein Beamter damals bei der Festnahme zu unserem Mandanten. Eine Unverschämtheit, eine solche ersichtlich nicht zutreffende Straferwartung in den Raum zu stellen.

Druckaufbau ist bedauerlicher Alltag. Der völlig verängstigte Mandant wurde zur Polizeiwache gebracht. Dort räumte er Dinge ein, die nicht im Ansatz stimmten. Er belastete schließlich auch den angeblichen Drahtzieher der Geschäfte, einen Motorradrocker. Ihm wurde wörtlich zugesichert:»Wenn du uns den Chef hier ans Messer lieferst, gehst du heute Abend nach Hause und bist ein freier Mann – dafür machen wir uns stark.« Obwohl der Mandant den Rocker nur vom Hörensagen kannte und gar nichts über dessen Beteiligung wusste, verpfiff er ihn. Als er am Folgetag beim Haftrichter saß, wurde er für sein Statement – die Polizei hat mir doch versprochen, ich dürfte nach Hause gehen – nur müde belächelt.

Nach sechs Monaten begann die Hauptverhandlung gegen ihn und den angeschwärzten Rocker. Obwohl unser Mandant klarmachte, dass er sich selbst über Gebühr und den Rocker gar völlig zu Unrecht bei der Polizei belastet hätte, wurde er zu sechs Jahren und neun Monaten Haft verurteilt, der mitangeklagte Rocker sogar zu sieben Jahren und sechs Monaten Haft. Der Vorsitzende Richter lobte den Mandanten für sein umfassendes polizeiliches Geständnis, dem das Gericht in jeder Hinsicht trotz des Widerrufs folge. Wäre der Mandant nicht auf die falschen Versprechungen der Polizei hereingefallen, wäre ihm nur das eine Kilo Marihuana nachzuweisen gewesen. Als nicht Vorbestrafter hätte er eine überschaubare Bewährungsstrafe erhalten. Vor allem aber wäre der tatsächlich gar nicht verstrickte Rocker nicht aufgrund einer falschen 31er-Aussage für so lange Zeit hinter Gittern gelandet.

Später brannte nicht nur das Auto unseres Mandanten, sondern er wurde im Gefängnis auch so heftig zusammengeschlagen, dass er sieben Monate im Justizvollzugskrankenhaus verbringen musste. Anzeige erstattete er nicht. Er wusste, dass es sich bei den Tätern um zwei Rocker handelte, die zur Bande des von ihm fälschlich Angeschwärzten gehörten. Der Zusammengeschlagene sagte in einem Gespräch mit uns: »Letztlich habe ich es verdient. Ich habe diesen Mist gemacht, auch wenn ich es vor Gericht wieder geraderücken wollte. Das alles habe ich der Polizei zu verdanken. Von wegen Freund und Helfer. Feind und Anstifter zur Falschverdächtigung. Das ist für mich die Polizei.«

Ein weiteres Leck für Fehlurteile durch polizeiliche Vorgehensweisen ist besonders perfide. Polizeibeamte selbst werden zu Tätern und machen aus ihren Opfern Beschuldigte. Gemeinsam schmiedet man auf der Wache kollegiale Lügen-Bündnisse. Und am Ende wird das eigentliche Opfer zum Täter.

Begünstigt wird das durch eine gewisse Polizei-Hörigkeit der Justiz nach dem Motto: Ein Polizeibeamter lügt doch nicht.

STAATSGEWALT – SCHLÄGER UND LÜGNER IN UNIFORM

Die Realität sieht anders aus. Dies verdeutlicht eindrucksvoll die nachfolgende Schilderung, in der Vater und Sohn nach von Polizeibeamten frei erfundenen Vorwürfen unschuldig auf der Anklagebank landeten.

Schon wieder Lockdown. Schon wieder harte Kontaktbeschränkungen. Und dann auch noch Ärger mit der Polizei. Es war zu Zeiten der Corona-Pandemie im Frühjahr 2021, als zwei bislang völlig unbescholtenen Männern aus Marl im Ruhrgebiet binnen kurzer Zeit himmelschreiendes Unrecht widerfuhr. Erst wurde der Chemikant und Hundehalter Erwin Weiß bei einem abendlichen Polizeieinsatz an und vor seiner eigenen Haustür von Beamten grundlos und brutal krankenhausreif geschlagen. Nur wenige Wochen später erlebte sein Sohn Ulf sein »blaues Wunder« – auch er wurde Opfer von roher, stumpfsinniger Polizeigewalt. Doch trotz unverzüglicher Strafanzeigen der Verprügelten wurde nicht ernsthaft gegen die wahren Aggressoren – mehrere Polizeibeamte – ermittelt, sondern es lief genau andersherum: Den Opfern Erwin und Ulf wurde der Prozess gemacht.

Es war ein lauer Frühlingsabend, als es Erwin Weiß zu Hause endlich einmal wieder krachen lassen wollte. »Wir haben zuletzt auf so viel verzichtet wegen dieses verdammten Coronavirus«, sagte der Chemikant zu seiner Frau. »Schluss. Aus. Micky Maus. Heute wird gefeiert, Schatz.« Erwin besorgte jede Menge Getränke, schmiss mariniertes Bauchfleisch und Würstchen auf den Gartengrill und hisste seine blau-weiße Schalke-Fahne. Zusammen mit seiner Familie und einigen Freunden startete am Abend in seinem Reihenhaus eine Privatparty. Es wurde gesungen, getanzt und gelacht. Aus den Lautsprecherboxen dröhnte laute Schlager- und Après-Ski-Musik. Und natürlich fehlte auch das Steigerlied nicht. Denn alle in der Familie waren waschechte Ruhrpottler.

Einem der Nachbarn war die Privatfeier irgendwann ein Dorn im Auge. Beziehungsweise in den Ohren. Nach der sechsten mitgegrölten Wiederholung des immergleichen Songs alarmierte der Anwohner wegen Ruhestörung die Polizei. »Wir sind schon unterwegs«, hieß es. Und tatsächlich: Gegen 23:30 Uhr fuhr ein Streifenwagen mit zwei Polizeibeamten vor. Als diese schon von der Straße aus die laute Musik wahrnahmen, klingelten sie bei Erwin Weiß. Dass die Situation in den nächsten vier Minuten völlig außer Kontrolle geraten sollte, ahnte noch niemand.

Der leicht angetrunkene Erwin öffnete die Haustür, sah die beiden Polizisten, trat nach draußen und zog die Tür hinter sich zu. Angeblich, jedenfalls schrieben dies die Beamten in ihrer Strafanzeige, soll Erwin schnell in die Offensive gegangen sein und gesagt haben: »Was wollt ihr denn hier? Ihr könnt direkt wieder abhauen.« Der angetrunkene Chemikant drehte danach ab in Richtung Haustür, doch die Polizisten wollten ihn nicht so einfach davonkommen lassen. Sie verlangten seinen Ausweis. »Nix da. Den bekommt ihr nicht. Könnt ihr knicken.« So oder so ähnlich soll Erwin die Personenkontrolle verweigert haben.

»Wir fordern Sie hiermit nochmals auf, sich auszuweisen«, wiederholten die Polizisten. Doch Erwin winkte genervt ab, schloss die Tür auf und betrat den Hausflur. Als er gerade dabei war, die Tür rasch hinter sich zu schließen – Hund Kalle sollte nicht rauslaufen –, passierte es. Einer der Polizisten schlug mit einer Diensttaschenlampe ohne Vorwarnung brutal in Erwins Gesicht. Was läuft denn hier für ein Film ab?, dachte der Chemikant und flüchtete in Richtung Straße. Einer der Beamten stellte ihm ein Bein, Erwin ging zu Boden und wurde dann mit voller Wucht auf den Hinterkopf geschlagen. Wieder mit der Stahltaschenlampe. Erwin blutete stark und erinnerte sich später, dass ihm sein Schädel brummte, als hätte ihm ein Ackergaul vor den Kopf getreten. Dann wurde ihm schwarz vor Augen.

Dass die Beamten ihn am Boden fixierten und ihm Handschellen anlegten, bekam der Familienvater nur am Rande mit. Auch dass seine hinzugekommene Familie vehement protestierte. Erwins Frau und seine zwei Söhne, Ulf und Kai, die von seinem Sturz und Hilferufen aufgeschreckt worden waren, schrien die Polizisten an: »Lass unseren Vater leben. Er hat doch gar nichts gemacht.« Doch die Beamten ließen nicht locker. Sie bugsierten den blutüberströmten Erwin in einen Funkstreifenwagen und alarmierten weitere Unterstützungskräfte. Später brachten sie Erwin in eine nahe Klinik. Die klaffende Platzwunde am Hinterkopf wurde geklebt, die am Jochbein gereinigt und versorgt.

Noch am selben Abend schrieben die beiden Polizisten auf dem Revier ihre Strafanzeige gegen Erwin. Sie behaupteten, der Familienvater habe erst flüchten wollen, dann habe er sie mit Fäusten angegriffen. Einer der Beamten bewertete das als tätlichen Angriff und berichtete in seiner Strafanzeige, dass er daraufhin zweimal mit der Faust in das Gesicht von Erwin geschlagen habe. »Um den Widerstand und weitere tätliche Angriffe zu unterbinden«, formulierte er wörtlich in seiner Strafanzeige. Die erlittenen Kopfplatzwunden am Hinterkopf habe sich der Mann offensichtlich bei einem unglücklichen Sturz auf den harten Asphalt beziehungsweise einen Gullydeckel zugezogen. Die polizeilichen

Schläge mit der Stahltaschenlampe auf Erwins Kopf tauchten mit keinem Wort auf.

Großen Wert legten die Beamten darauf, dass sie bei dem Einsatz verletzt wurden. Einer ließ sich eine Risswunde am Finger attestieren, der andere klagte über Schmerzen am Knie. Wir nehmen es hier schon einmal vorweg: Die angebliche Notwehr-Geschichte der Polizisten war offensichtlich eine glatte Lüge und von den Ordnungshütern erfunden worden, um sich vor eigener Strafverfolgung zu schützen.

Einige Wochen später geschah das geradezu Unfassbare: Diesmal wurde Ulf Weiß, Erwins neunzehnjähriger Sohn, Opfer von grundloser Polizeigewalt. Der Abiturient wurde des angeblichen Widerstands gegen Vollstreckungsbeamte zu Unrecht beschuldigt – genau wie sein Vater. Und das war passiert: Ulf war mit seiner Freundin Kimberly in der Innenstadt von Marl unterwegs. Beide hatten sich kurz zuvor in einem Corona-Testzentrum testen lassen. Als es anfing zu regnen, liefen die beiden in ein Parkhaus an einem Krankenhaus und hörten dort Stimmen. Auf der obersten Etage feierten Freunde von ihnen eine kleine Party, tranken Alkohol, rauchten Joints. Ulf und Kimberly gesellten sich dazu. Wenig später sollte sich die Parkhaus-Party aber auflösen. Denn angeblich hatten einige Jugendliche immer wieder Passanten belästigt und Pkws angehalten. Fakt ist: Irgendwann hatte jemand die Polizei alarmiert. Als der erste Streifenwagen am Parkhaus auftauchte, liefen die Jugendlichen weg. Auch Ulf. Obwohl er nichts Verbotenes getan hatte. Und sollte kurz darauf mit schmerzverzerrtem Gesicht am Boden liegen. Spätere Diagnose: Trommelfellriss.

Ein Polizeibeamter hatte den weglaufenden Ulf bis in das Treppenhaus des Parkhauses verfolgt. In der anschließenden Strafanzeige schilderte der Polizist die Situation so: »Als der Beschuldigte merkte, dass der Abstand kleiner wurde und eine Flucht unmöglich ist, drehte er sich schlagartig um und baute sich in bedrohlicher Haltung auf. Hierbei riss er die Arme hoch und blickte uns mit einem aggressiven Gesichtsausdruck an. Da von einem unmittelbar bevorstehenden Angriff ausgegangen werden musste, setzte ich einen ›Blendschlag‹ mit der rechten flachen Hand in das Gesicht, um den Angriff zu unterbinden und Distanz aufzubauen. Weil der Beschuldigte sich trotz Aufforderung nicht auf den Boden legte, wurde er mit einem ›Kopfdrehhebel‹ zu Boden geführt.« Nehmen wir auch hier das Wichtigste vorweg: Diese in »Polizeisprache« formulierte Schilderung des Beamten ist ebenfalls erlogen. Das sollte später das Gericht ebenfalls so sehen. Denn die Anzeige triefte von verbalen Konstruktionen, die nur eines zum Ziel hatten: eine angebliche Notwehrlage des Polizeibeamten herzuleiten und das Zusammenschlagen des jungen Mannes zu erklären.

In den anschließenden Strafprozessen konnten wir sowohl für Erwin als auch für Ulf Freisprüche »erster Klasse« erzielen. »Erster Klasse« deswegen, weil die Richter in beiden Prozessen feststellten, dass die Vorwürfe frei erfunden waren. Erwins Verletzungen am Hinterkopf waren nicht kompatibel mit den abgesprochenen Aussagen der Polizeibeamten, wonach Erwin angeblich unglücklich auf den Asphalt gestürzt sein soll.

In Ulfs Strafprozess gab es zwei neutrale Zeugen, die übereinstimmend bestätigten, dass unser Mandant überhaupt nichts in Richtung Angriff unternommen hatte. Im Gegenteil: Ulf hatte sich sogar ergeben und die Hände erhoben, als ihm der Polizeibeamte von hinten mit voller Wucht aufs Ohr schlug. Bemerkenswert: Dieser Polizeibeamte log nicht in bewährter Polizeimanier das Gericht an, sondern zog Paragraf 55 der Strafprozessordnung und verweigerte die Aussage.

Trotz der Freisprüche überwogen bei Vater und Sohn verständlicherweise Ernüchterung und Enttäuschung: Denn einige Zeit nach diesem Prozess waren ihre parallel angestrengten Strafanzeigen gegen die Polizisten wegen Körperverletzung im Amt von der Staatsanwaltschaft mangels hinreichenden Tatverdachts eingestellt worden. Für beide ein abermaliger Schlag ins Gesicht. Ungerechter geht es nicht, war ihre Meinung. Tatsächlich mussten wir unsere Mandanten darüber aufklären, dass sie sich glücklich schätzen konnten, nicht zu Unrecht selbst verurteilt worden zu sein. Denn in vielen ähnlichen Konstellationen, in denen Polizeibeamte Vorwürfe erfinden, um von eigenen Verfehlungen abzulenken, werden die Betroffenen unschuldig verurteilt. Findet sich kein entscheidender Gegenbeweis, wie hier das Gutachten oder die Aussagen der neutralen Zeugen, ist man als Unschuldiger ans Messer geliefert. Und wird als eigentliches Opfer zum Täter gemacht.

POLIZISTEN SUCHEN NUR DAS BÖSE

Ein traditionelles Puppentheater lebt von einer Vielzahl von Figuren – gute und gerechte, böse und schlechte. Klassische Charaktere dafür sind ein Polizist und ein Einbrecher.

Wir haben den Eindruck, dass nicht wenige Polizisten ihren Alltag beinahe genauso simpel und kindlich in zwei Kategorien einteilen. Sie selbst sind die Unangreifbaren, die Guten. Und diejenigen, mit denen sie zu tun bekommen, sind per se die Bösen. Beim Puppenspiel fängt der Polizist am Ende immer den Einbrecher und wird vom Publikum dafür in aller Regel frenetisch bejubelt. Auch wenn er dem Einbrecher vorher auch noch zigmal einen Schlag auf die Nase verpasst hat.

Sicher etwas überspitzt: Aber genauso agieren nach unserer jahrelangen Strafverteidigererfahrung leider einige schwarze Schafe unter den Polizeibeamten im Umgang mit Beschuldigten. Bei der Polizei gilt häufig: Wer einmal als (mutmaßlicher) Täter vor einem sitzt, muss auch überführt und bestraft werden. Das bringt Ruhm, das bringt Applaus und stärkt das Ego. Entlastendes Recherchieren? Warum sollte man? Der Fall ist doch klar. Das Böse muss zur Strecke gebracht werden. Dann wird auch Beifall geklatscht. Warum erfinden Polizisten wie bei dem Vater-Sohn-Fall angebliche Widerstandshandlungen der tatsächlichen Opfer? Natürlich um sich vor eigener Strafverfolgung zu schützen.

Noch ein wunder Punkt im Rahmen auf Polizeiebene: Erstaunlicherweise sind »Bodycams« wie von Geisterhand immer dann ausgeschaltet, wenn es um angebliche Widerstandshandlungen von Beschuldigten geht, die gewaltsames Handeln der Polizei rechtfertigen sollen. Auch hier wäre eine Gesetzesänderung so simpel. Warum ordnet man nicht an, dass während jeden Polizeieinsatzes Bodycams die ganze Zeit über mit zu filmen haben?

Eine solche Bodycam-Pflicht wäre zugleich auch ein Schutzinstrument für die Polizei. In der Bevölkerung wäre bekannt, dass jeder Polizeieinsatz lückenlos filmisch dokumentiert wird. Mit der Folge, dass tatsächlich begangene Widerstandshandlungen sicherlich aus Angst vor zwangsläufiger Entdeckung abnehmen würden. Solange der Gesetzgeber in Deutschland schläft, werden wir weiter die Welt des Puppentheaters erleben. Mit der bekannten Schwarz-Weiß-Sicht, die Polizei ist das Gute, der mutmaßliche Verbrecher der Böse.

KAPITEL 9

SACHVERSTÄNDIGE: ZWISCHEN GENIE UND WAHNSINN

Für Gerichte sollen sie aufklärende Stützen sein. Doch leider gibt es viel zu viele Fälle, bei denen Sachverständige mehr Unklarheit als Aufklärung schaffen, mehr Abhängigkeit statt Unparteilichkeit erkennen lassen, mehr Verwirrung als Rechtsfrieden stiften. Ganz egal, ob auf medizinischer, psychologischer oder wissenschaftlicher Ebene. Die Expertisen von Sachverständigen sind gefragt, aber häufig auch fragwürdig. Ein jeder kann sich Gutachter und Sachverständiger nennen. Die Bezeichnungen sind nicht geschützt. Trotzdem ist die Einschätzung der vermeintlichen Experten nicht selten ausschlaggebend für die Frage von Schuld oder Unschuld.

Justizskandale, die durch unterirdische Sachverständigengutachten verursacht werden, sind in Deutschland an der Tagesordnung. Leider werden diese Justizirrtümer oftmals nie oder erst Jahre später entdeckt.

In den Neunzigerjahren saß ein als Bankräuber Verurteilter aus Nürnberg acht Jahre lang »auf Kosten eines falschen Gutachtens« unschuldig in Haft. Trotz Unschuldsbeteuerungen, keiner einzigen DNA-Spur und den Beteuerungen von acht Alibizeugen, dass der Mann zur fraglichen Tatzeit Hunderte Kilometer weit weg war, wurde er verurteilt. Der Grund: Ein medizinischer Sachverständiger glaubte, den Angeklagten im Rahmen eines Identitätsgutachtens anhand seiner Ohren in einem Überwachungsvideo zweifelsfrei als Täter identifiziert zu haben. Die Richter folgten dieser Expertise blind. Ganz nach dem Motto: »Gutachter sind über alle Zweifel erhaben.« Doch nicht der Sachverständige hatte recht, sondern die acht Alibizeugen: Denn Jahre später hatte die Polizei den wahren Täter festgenommen. Der Mann gestand den Bankraub, verurteilt wurde er zu elfeinhalb Jahren Haft. Vor Gericht hatte er sich entschuldigt und beteuert, von der vorherigen Verhaftung und Verurteilung des Unschuldigen nichts gewusst zu haben.

Immer dann, wenn ein Gericht meint, eine Schlüsselfrage nicht selbst abschätzen zu können, bedient es sich externer Experten. Strafverteidiger und Staatsanwaltschaft können zwar einen Antrag auf Einholung eines Sachverständigengutachtens stellen, doch ob und durch wen das geschieht, liegt im Ermessen des Gerichts. Die Macht des Gutachters wird immer größer: Aus unseren Akten haben wir recherchiert, dass sieben von zehn Strafprozessen maßgeblich durch Sachverständigengutachten beeinflusst werden.

Das bedeutet: Über rund 70 Prozent aller von uns betreuten landgerichtlichen Strafverfahren schwebt das Damoklesschwert einer womöglich falschen gutachterlichen Einschätzung. Dabei wollen wir nicht verkennen, dass es auch viele hervorragende Sachverständige gibt. Die Quote der wirklich kompetenten Sachverständigen, die tagtäglich in deutschen Strafprozessen auftreten, liegt nach unserer Einschätzung aber allenfalls bei 30 Prozent. Diese traurige Erkenntnis führt dazu, dass hierzulande unschuldige Menschen reihenweise zu Unrecht verurteilt oder beinahe verurteilt werden, nur weil ein angeblicher Experte die Grundzüge seines Handwerks nicht beherrscht.

So geschehen im Fall eines Mandanten, der sich einem Vergewaltigungsvorwurf seiner »Ex« und einem abenteuerlichen aussagepsychologischen Gutachten ausgesetzt sah.

LIEBE - RACHE - LÜGE

Den Mandanten nannten alle nur Rudi. Und Rudi war ein richtiger Schwerenöter. Was das weibliche Geschlecht anging, ließ der Mittdreißiger nichts anbrennen. Doch eines Tages landete ein Brief aus der Bochumer Haftanstalt Krümmede bei uns in der Post. Absender war Rudi, der dort in Untersuchungshaft saß und darum bat, dass einer von uns Strafverteidigern ihn zeitnah einmal aufsucht.

Wir folgten seinem Wunsch, und in dem Gespräch in der JVA druckste Rudi nicht lange herum. »Ich weiß gar nicht, was ich Ihnen sagen soll, meine ›Ex‹ wirft mir eine Vergewaltigung vor. Als ob ich so was nötig hätte, jemanden zu vergewaltigen. Die Frauen laufen mir alle nur so hinterher – die fliegen auf mich, und letztlich ist das alles völlig absurd.« Die Anzeigenerstatterin, so berichtete Rudi, habe einfach eine frei erfundene Lügengeschichte vom Zaun gebrochen, die angeblich »zu null Komma null« stimme. Rudi enthüllte dann noch eine Fülle an Erlebnissen mit ihr. So hätte sie, seine frühere Partnerin, schon öfter geschwindelt und über andere Leute andauernd Unwahrheiten verbreitet.

Wir mussten Rudi reinen Wein einschenken: Aus unserer Erfahrung heraus kann kein Zeuge schlecht genug sein, als dass die Strafjustiz in der Konstellation Aussage gegen Aussage primär auf seiner Seite ist. Bereits im Ermittlungsverfahren hatte die Staatsanwaltschaft ein aussagepsychologisches Gutachten durch eine Sachverständige in Auftrag gegeben. Das mutmaßliche Vergewaltigungsopfer, Rudis vorherige Partnerin, wurde von der angeblichen Expertin befragt und dabei mit Blick auf den Wahrheitsgehalt ihrer Aussage »unter die Lupe genommen«. Ergebnis: Es gab laut Gutachten nicht den geringsten Zweifel an der Glaubhaftigkeit der Aussage der Zeugin. Die zahlreichen Widersprüche des mutmaßlichen

Opfers erklärte die Psychologin sogar zum besonderen Glaub-haftigkeitsmerkmal. Ganz nach dem Motto: »Es würde eher verwundern, wenn ständig das Gleiche erzählt würde.« Dies würde ja auf ein Auswendiglernen hindeuten. Sie vertrete die Auffassung, dass grobe Abweichungen der einzelnen Schil-derungen gerade für die Richtigkeit der Aussage sprechen.

Nach vier Monaten Untersuchungshaft fand die Haupt-verhandlung statt. Der Prozess begann – wie üblich – mit der Verlesung der Anklageschrift. Danach bestritt unser Mandant die Tat. »Das ist alles gelogen. Ich bin kein Vergewaltiger«, sagte Rudi mit fester Stimme.

Der Vorsitzende Richter holte tief Luft und machte dann eine Ansage: »Ziehen Sie sich noch mal zur Besprechung mit Ihren Verteidigern zurück, bevor wir hier loslegen. Wir können Ihnen nur eines sagen: Sollte an diesen Vorwürfen Ihrer Ex-Partnerin auch nur ein Fünkchen Wahrheit dran sein, sollten Sie über ein Geständnis nachdenken, Sie hätten dann die Chance, den Saal heute als freier Mann zu verlassen und sich später der zweieinhalb- bis dreijährigen Gefängnisstrafe zu stellen. Sollten wir hier bei streitiger Verhandlung zu einem Schuldspruch kommen, ist ein Strafmaß zwischen fünf und sechs Jahren nicht unrealistisch. Sie und Ihre Verteidiger kennen das vorläufige Gutachten der bei uns seit Jahren einen exzellenten Ruf genießenden Psychologin. Besprechen Sie das in Ruhe.«

Der Vorsitzende Richter ließ Bereitschaft zur Milde er-kennen, war gewillt, Rudi eine goldene Brücke zu bauen. Aber für ihn war das kein Thema. »Ich bin unschuldig – ich werde nie etwas zugeben, was ich nicht getan habe, schon gar keine Vergewaltigung. Und die Frau bekommt von mir nicht eine einzige Schraube. Da können Sie Gift drauf nehmen!«

Wir erörterten das »Angebot« trotzdem mit Rudi. Wir rieten ihm von einem falschen Geständnis ab, weil wir das

Gutachten der Psychologin für angreifbar hielten. Die Verhandlung wurde ohne das vom Gericht erwünschte Geständnis fortgesetzt. Das vermeintliche Opfer wurde in den Zeugenstand gerufen. Rudis Ex setzte sich lässig an den Zeugentisch in der Mitte des Saals, wurde vom Richter über die Wahrheitspflichten als Zeugin belehrt und eröffnete die Sache mit einem Paukenschlag. »Ich möchte mal gleich klarstellen«, sagte Pamela. »Ich habe die Vergewaltigung erfunden.« Und weiter: »Ich habe gelogen, und ich würde das bei diesem Typen immer wieder tun!«

Der Vorsitzende Richter wurde zunächst kreidebleich, dann eher ungehalten und sagte: »Hören Sie mal, gute Frau, Sie belasten sich hier gerade selbst einer falschen Verdächtigung und einer Freiheitsberaubung in mittelbarer Täterschaft. Bitte überlegen Sie gut, was Sie hier sagen!«

Doch die Zeugin blieb dabei und wiederholte: »Ich habe gelogen – er hat mich nicht vergewaltigt. Er ist einfach nur eine Drecksau, ein regelrechtes Arschloch. Der hat mich mehrfach beschissen. Zuletzt hat er sogar meine ehemals beste Freundin hinter meinem Rücken gevögelt.« Sie habe kurz vor der Anzeige, die sie bei der Polizei erstattet habe, seinen Chatverlauf auf dem Handy gesehen und festgestellt, dass er regen Kontakt mit anderen Frauen hätte. »Das Schwein hatte über fünfzig Frauen gedatet. Ein Schäferstündchen hier. Ein One-Night-Stand da. Und dann noch mit meiner besten Freundin? Da habe ich mir gedacht, wie kann ich es diesem Saukerl heimzahlen? Da habe ich die Vergewaltigung einfach mal so erfunden. Und auch der Gutachterin alles noch mal genauso erzählt. Die hat regelrecht an meinen Lippen gehangen, obwohl ich ständig was anderes erzählt habe. Wenn Sie jetzt meinen, Sie müssen mir fürs Lügen einen mitgeben, dann machen Sie das. Die Rache war es mir wert!«

Die Antwort des Gerichts auf diese Beichte fiel kurz aus. »Müssen wir jetzt ernsthaft noch die Gutachterin hören und lange plädieren?«, fragte der Vorsitzende Richter. Er erntete von allen Seiten Kopfschütteln.

Es folgten die vielleicht kürzesten Plädoyers vor einem Landgericht aller Zeiten. Nach weiteren fünf Minuten erging das ebenso schnell verkündete Urteil im Namen des Volkes: »Der Angeklagte wird freigesprochen. Er ist für die erlittene U-Haft zu entschädigen.« Rudi lächelte, hatte seine Lektion aber offensichtlich verstanden. Eine lügende Zeugin und ein desaströses Gutachten hatten ihn für vier Monate unschuldig hinter Gitter gebracht. Die Sachverständige, die um ein Haar die Weichen für ein folgenschweres Fehlurteil gelegt hätte, war noch vor den Plädoyers wortlos aus dem Saal geschlichen. Sie ließ es sich nicht nehmen, sich für ihr aussagepsychologisches »Meisterwerk« fürstlich mit 8753 Euro entlohnen zu lassen.

DIE SACHE MIT DEN SACHVERSTÄNDIGEN

Lange Bearbeitungszeiten, zum Teil unverschämt hohe Kosten, erschreckende Inkompetenz: Im Laufe der Jahre haben wir als Strafverteidiger immer wieder katastrophale Erfahrungen mit Gutachtern gemacht. Die Arroganz und Ignoranz mancher Expertenteams vor Gericht haben schon das ein oder andere Mal dafür gesorgt, dass wir die Hände vor Zorn geballt haben. Die Gleichgültigkeit, mit der manche Gerichte ihre Entscheidungen auf offensichtlich fehlerhafte Gutachten solcher Möchtegern-Experten stützen, entsetzt uns regelrecht.

Gutachter übernehmen immer mehr die Rolle der heimlichen Strippenzieher. Im forensischen Bereich gleichen die

Expertisen mehr oder weniger einem Lotteriespiel. Ähnlich wie bei den Pflichtverteidigern wählen Gerichte oftmals aus einem engen Kreis ihre »Lieblingsgutachter« aus. Nicht selten führen sogar persönliche Bekanntschaften über Rotary oder Lions Club dazu, dass Sachverständige bestellt werden.

Im Fall von Rudi war das Gutachten grob falsch – trotzdem hat das Gericht vor dem Paukenschlag seiner Ex zu keinem Zeitpunkt erkennen lassen, dass es auch nur einen Hauch an der Qualität des Gutachtens zweifelt.

Katastrophengutachten haben verschiedene Ursachen: Einige Sachverständige haben schlichtweg keine Ahnung oder sich nie fortgebildet. Andere entscheiden stur aufgrund ihres vor Jahrzehnten erlangten, inzwischen verstaubten Wissens. Problematisch ist, dass sich Gutachter vor einer Hauptverhandlung in einem vorläufigen Gutachten oftmals festlegen und nicht bereit sind, trotz entgegenstehender Erkenntnisse aus der Hauptverhandlung ein einmal gefundenes Ergebnis zu revidieren.

Das bundesweit wohl bekannteste Justizopfer durch fehlerhafte Sachverständigengutachten ist Gustl Mollath. Jahrelang saß Mollath unschuldig eingesperrt im Freistaat Bayern in der geschlossenen Psychiatrie. Hintergrund war ein Trennungsstreit und gegenseitige Vorwürfe, die sich Mollath und seine Frau machten. Sie stellte ihn als Verrückten hin. Dieser wiederum witterte eine riesige Geldwäsche-Verschwörung, er zeigte seine Frau wegen dubioser Schwarzgeldgeschäfte an. Mollath habe tatsächlich gefährliche Wahnvorstellungen und sei eine Gefahr für die Allgemeinheit, hatten ihm Gutachter immer wieder attestiert. Später kam heraus: Mollaths Vorwürfe gegenüber seiner Frau waren keine Hirngespinste. Die Gutachter, die zu dem Fehlurteil gegen ihn beigetragen haben, waren bis auf die Knochen blamiert. Nach einem Wiederaufnahmeverfahren erreichte er einen Freispruch.

Einen in gewisser Weise »umgekehrten« Fall Mollath begleitete unsere Kanzlei zu Beginn der Nullerjahre. Ein Herr Turnegger wurde über Jahre hinweg als voll verantwortlich angesehen und wegen Betrugs zu einer Gefängnisstrafe verurteilt. In Wahrheit war der Mann, der überall als Finanzmagnat aufgetreten war, allerdings schwer schizophren erkrankt. Was jedoch selbst ein erfahrener psychiatrischer Gutachter nicht erkannt hatte. Und das trotz der Legende, die Turnegger streute, dass er angeblich am Rande des Abschlusses eines Immobilien-Großprojekts in einem Geheimfach eines Kamins in einem Hamburger Schloss eine »Barschel-Akte« mit eindeutigen Beweisen für eine Ermordung des Politikers Uwe Barschel entdeckt habe.* Ein bekanntes deutsches Wochenmagazin habe ihm dafür ein Honorar von einer halben Million Euro als Mindesthonorar in Aussicht gestellt, so Turnegger. Seine Barschel-Akte sei nach den Hitler-Tagebüchern eine der brandheißesten Geschichten aller Zeiten. Dafür wäre man bereit, ganz tief in die Tasche zu greifen.

Auch uns gegenüber hatte Herr Turnegger standfest behauptet, diese Akte in einem Schließfach deponiert zu haben, sie letztlich aber (natürlich) nie vorlegen können. Erst Jahre später wurde er im Rahmen eines weiteren Betrugsverfahrens erneut psychiatrisch untersucht. Er sollte abermals Kapitalanlagen für Projekte vermittelt haben, die es gar nicht gegeben hatte, unter anderem Anteile an Zitronenplantagen in Guatemala. Dieses Mal waren die Psychiater zu dem Ergebnis gekommen, dass Turnegger unter einer tief verfestigten

---

* Uwe Barschel war von 1982 bis 1987 Ministerpräsident in Schleswig-Holstein. 1987, nach Bekanntwerden einer Verleumdungskampagne im Landtagswahlkampf, war er zurückgetreten und wenig später in einem Genfer Hotel tot aufgefunden worden. Die Todesumstände sind bis heute umstritten: Staatsanwaltschaftliche Ermittlungen kamen zu dem Ergebnis eines Suizids.

Schizophrenie leide, was eine Schuldunfähigkeit und eine Unterbringung im psychiatrischen Maßregelvollzug zum Schutz der Allgemeinheit zur Folge hatte. Wäre diese zutreffende Diagnose bereits im ersten Tatkomplex gestellt worden, wäre es möglicherweise zu der zweiten Betrugstat gar nicht mehr gekommen.

Auch an dieser Stelle gilt: In zahlreichen Fällen erstatten Gutachter ihre Expertisen zweifellos nach bestem Wissen und Gewissen. Bei aller Kritik, trotz vieler Pannen und Beschwerden, sind Gerichtsgutachten per se in einer Vielzahl von Fällen hilfreich, ein gerechtes Urteil zu finden. Das wollen wir nicht bezweifeln. Leider gibt es andererseits eine große Zahl von schwarzen Schafen unter den angeblichen Experten. Und genau das geht oft zulasten unschuldiger Bürger.

Was ist zu tun, um dem Gutachtermissstand abzuhelfen? Wir befürworten ein Qualitätssiegel für alle Sachverständigen, die in einem Strafverfahren Expertisen abgeben. Sie sollten sich einer regelmäßig zu wiederholenden Prüfung einer neutralen Kommission unterziehen, ob sie überhaupt das für ihren Themenkreis notwendige Fachwissen besitzen oder nicht. Permanente Fortbildungsveranstaltungen sollten für Experten zwingend sein. Bedauerlicherweise kann bisher jeder »Hans und Franz«, sofern er nur einen entsprechenden Abschluss der jeweiligen Fachrichtung erworben hat, bei der deutschen Strafjustiz als angeblicher Experte aufschlagen und abkassieren. Und das auf dem Rücken von Unschuldigen.

KAPITEL 10

STRAFBEFEHLE: DIE STILLE VERURTEILUNG

Der frühere Bayern-München-Boss Karl-Heinz Rummenigge hat einen Strafbefehl kassiert – weil er zwei Rolex-Uhren aus Katar angeblich nicht verzollt hat. Ebenso Ex-Radsport-Größe Jan Ullrich, weil er eine Escort-Dame nach einem Streit angegriffen und gewürgt haben soll. Und auch die einstige »First Lady«, Bettina Wulff, hat nach einer Fahrt unter Alkohol in einem Porsche einen zugeschickt bekommen. Die »Strafe auf Befehl« lag bei allen drei Personen irgendwann in einem Umschlag vom örtlich zuständigen Gericht im Briefkasten und hatte die Wirkung eines Urteils »im Namen des Volkes«.

Das Strafbefehlsverfahren ist ein in der deutschen Strafprozessordnung (StPO) besonders geregeltes Verfahren, das es der Staatsanwaltschaft in Fällen der leichteren Kriminalität ermöglicht, im Eiltempo ein rechtskräftiges Urteil herbeizuführen. Und zwar ohne eine sonst übliche Hauptverhandlung. Eine pragmatische, zeitsparende und kostengünstige Methode nach dem Vorbild des Bußgeldbescheids soll behördliche Ressourcen schonen und bei der Bewältigung der in vielen Bereichen immer weiter steigenden Fallzahlen Arbeitserleichterung schaffen. Nach dem Motto: »Jede neue rote Akte, die schnell vom Tisch ist, ist eine gute Akte.« Aufwendige und für den Staat kostenintensive Schritte werden auf diese Weise eingespart.

Juristisch sauber ist das Strafbefehlsverfahren aber aus unserer Sicht nicht: Die eigentliche Aufgabe eines Strafprozesses, die Wahrheitsfindung, bleibt bei einem Urteil nach Aktenlage ohne Gerichtsverhandlung in vielen Fällen auf der Strecke. Es macht nun einmal einen riesigen Unterschied, ob ein Augenzeuge eine handschriftlich verfasste Stellungnahme zu einem Geschehen zur Akte reicht oder ob er mitunter stundenlang minutiös befragt wird. Symbolisch gesprochen gleicht das Strafbefehlsverfahren dem Verschwindenlassen eines halb offenen Eimers Heizkörperlack ganz unten in der Mülltonne. Hauptsache weg. Aus den Augen, aus dem Sinn. Und das auf Kosten der Gerechtigkeit.

Wir wollen das Strafbefehlsverfahren keineswegs verteufeln. Einerseits kann es Beschuldigten eine mühsame und belastende Hauptverhandlung ersparen. Andererseits kann ein Strafbefehl beispielsweise für Prominente eine gute Möglichkeit sein, eine öffentliche Berichterstattung mit peinlichen Details und Preisgabe ihrer mutmaßlichen Straftat zu verhindern.

So viel zu den Vorzügen dieses Verfahrens. Der aus unserer Sicht gröbste Einwand gegen die bisherige Handhabung in Deutschland betrifft die Zustellung von Strafbefehlen durch die Post oder andere Briefdienstleister. Man muss wissen: Ein Strafbefehl muss einem Beschuldigten vom Briefzusteller nicht persönlich in die Hand gedrückt werden, sondern es reicht ein bloßes Einwerfen in den Briefkasten. Dies führt zu katastrophalen Gerechtigkeitslücken. Wie der Fall unseres ahnungslosen Mandanten Samuel beweist.

FEIGE SCHÜSSE UND FALSCHE SCHLÜSSE

»Was bin ich? Vorbestraft? Wegen gefährlicher Körperverletzung? Ich habe doch nichts gemacht.« Dass er ein rechtskräftig verurteilter »Gotcha-Shooter« und damit Gewalttäter ist, erfuhr Samuel Peters aus dem Ruhrgebiet im Februar 2020 nur durch einen willkürlichen Umstand. Sein Chef hatte für den Vierunddreißigjährigen eine Zulassung zum Sicherheitsmann beantragt, war dann aber von den Behörden ausgebremst worden, weil im Strafregister von Peters ein Eintrag aufgrund einer Verurteilung wegen gefährlicher Körperverletzung zu einer Geldstrafe in Höhe von 900 Euro (neunzig Tagessätze) aufgeploppt war. Schwarz auf weiß stand dort:

Erscheinungsdatum:	*12.01.2021*
Entscheidende Behörde:	*Amtsgericht XY*
Aktenzeichen:	*68 Js 77x/xx, 50 Cs 1x/xx*
Rechtskräftig seit:	*02.02.2021*
Tatbezeichnung:	*Gefährliche Körperverletzung in einem minder schweren Fall*
Datum der Tat:	*25.02.2020*
Angewendete Vorschriften:	*StGB 224 Abs. 1Nr.2*
Zusätzliche Angaben:	*90 Tagessätze zu je 10.00 Euro Geldstrafe*

»Hömma, wat is dat denn bitte für ein Dingen?«, hatte der Chef sich daraufhin aufgeregt. Doch Samuel konnte ihm nur versichern, dass er sich keiner Schuld bewusst ist. »Ich war noch nicht ein einziges Mal vor Gericht«, schwor er seinem Vorgesetzten mit erhobenen drei Fingern. Doch es nützte nichts. Die Zulassung zum Sicherheitsmann konnte er sich abschminken. Das, was auf dem Papier stand, das sein Chef mit wütender Miene wedelnd in der Hand hielt, galt. Zumindest vorerst.

Der Vorfall, um den es ging, bedeutete für zwei junge Männer den Schock ihres bisherigen Lebens. Die beiden Freunde, siebzehn und achtzehn, hatten am 25. Februar 2020 an einer Haltestelle gesessen und auf den Bus gewartet, als plötzlich aus einem Dachfenster im gegenüberliegenden Mehrfamilienhaus ein Paintball-Feuer auf sie eröffnet wurde. Zuerst hatte der Siebzehnjährige einen stechenden Schmerz an seinem Knie gespürt und anschließend einen blauen Farbfleck gesehen. Beim Versuch, den Täter auszumachen, konnte er in der Dachgeschosswohnung schräg rechts im Mehrfamilienhaus gegenüber eine weibliche und eine männliche Person im fünften Fenster von rechts erkennen. Diese, so der Siebzehnjährige, hätten eine schwarze Gotcha-Pistole aus dem Fenster gehalten, gefeixt und noch mehrfach Schüsse abgefeuert. Ein Schuss hatte seinen Kumpel an der Wade getroffen, ein weiterer war über das Dach des Haltestellenhäuschens gefegt, ein letzter ins Leere gegangen. Als Erkennungsmerkmale gab er an, dass der Pistolenschütze eine schwarze Kapuze oder Mütze aufgehabt hätte. Beide jungen Männer erklärten, sie hätten zwar Schmerzen, seien aber körperlich nicht schwerwiegend verletzt.

In ihren polizeilichen Vernehmungen gaben sie Folgendes an:

Siebzehnjähriger:
Wir saßen an der Bushaltestelle und haben auf dem Bus gewartet. Oben am Fenster standen zwei Leute mit einer Paintball-Waffe. Dann haben die auf uns geschossen. Meinen Kollegen haben die am Bein getroffen und mich am Knie. Mein Knie war ein bisschen blau und meine Hose war schmutzig. Dann haben wir direkt die Polizei angerufen.

Achtzehnjähriger:
Am Tattag hatten wir Feierabend und sind zur Bushaltestelle gegangen. Dann haben wir gewartet, ich hatte Kopfhörer auf.

Dann habe ich einen Schuss gemerkt. Dann haben wir geguckt, wo der Schuss herkam. Wir haben daraufhin zwei Personen am Fenster gesehen.

Es sah so aus, als hätten diese gelacht. Dann sind wir aufgestanden und erst mal von der Bushaltestelle weggegangen. Hinterher sind wir wieder hingegangen. Dann wurde ich am Bein getroffen. Dann haben wir die Polizei angerufen und genau geschildert, wie die Kugeln ausgesehen haben, die waren ja gelb.

Frage (Polizei):
Wie oft wurde geschossen?

Siebzehnjähriger:
5–6 Mal bestimmt. Jeder von uns wurde einmal getroffen.

Frage (Polizei):
Aus welcher Entfernung wurde geschossen?

Siebzehnjähriger:
Ungefähr 50–70 Meter. Es war aus dem Dachgeschoss, dritte Etage.

Frage (Polizei):
Haben Sie direkt erkannt, dass es sich um eine Paintball-Waffe handelt?

Siebzehnjähriger:
Ja. Das hat man gemerkt. Man hat die bunten Kugeln fliegen sehen.

Achtzehnjähriger:
Ja, weil ich Paintball-Waffen kenne.

Frage (Polizei):
Was haben die beiden Personen gemacht, als die Schüsse bemerkt
wurden? Wie sahen die aus?

Siebzehnjähriger:
Die sind erst mal stehen geblieben und haben geguckt. Dann
sind sie vom Fenster weggegangen.

Achtzehnjähriger:
Ich habe einen Mann und eine Frau gesehen. Der Mann hatte
eine Mütze oder eine Cap auf, die war schwarz.

Frage (Polizei):
Wer von den Personen hat geschossen?

Achtzehnjähriger:
Der mit der Mütze/Cap.

Auch Samuel Peters und seine Partnerin, die damals in der
Nähe des mutmaßlichen Tatorts lebten, waren noch am selben
Abend befragt worden. Samuels Freundin, Jasmin, hatte beteuert, in der Dachgeschosswohnung ihren »Jahrestag« mit
ihrem Partner und ein paar Freunden gefeiert zu haben.
Samuel hatte zu Protokoll gegeben, dass er nichts von der
Tat wisse. Er besitze auch gar keine Gotcha-Waffe. Und wenn,
würde er nicht damit auf Personen schießen. Weil Samuel bei
Eintreffen der Polizei am Tatort eine schwarze Kappe aufhatte
und somit die Täterbeschreibung auf ihn passte, wurden weitere Gäste der Party gar nicht erst befragt.

Das war es, was Samuel von diesem Strafverfahren erfuhr. Im Folgenden sagte er nie bei der Polizei als Beschuldigter aus und erhielt auch kein Vorladungsschreiben zur
Vernehmung als Beschuldigter. Vielmehr beantragte die Staats-

anwaltschaft beim zuständigen Amtsgericht den Erlass eines Strafbefehls folgenden Inhalts wegen gefährlicher Körperverletzung:

Strafbefehl

gegen   *Herrn Samuel Peters*
geboren   *am XX.XX.1988 in XY*
Staatsangehörigkeit: deutsch
Wohnhaft: *XXstr; 27, XY*

Auf Antrag der Staatsanwaltschaft XY wird gegen Sie wegen gefährlicher Körperverletzung in einem minder schweren Fall (Vergehen nach SS 223 Abs. 1, 224 Abs. 1 Nr. 2 StGB) eine Geldstrafe von 90 Tagessätzen zu je 10.00 Euro (900.00 Euro) festgesetzt.

Gemäß S 465 StPO werden Ihnen die Kosten des Verfahrens auferlegt.

Die Staatsanwaltschaft beschuldigt Sie, am 25.02.2020 in XY in einem minder schweren Fall eine andere Person mittels eines gefährlichen Werkzeuges körperlich misshandelt und an der Gesundheit geschädigt zu haben.

Ihnen wird Folgendes zur Last gelegt:
Am 25.02.2020 schossen Sie aus dem Fenster der Wohnung der gesondert verfolgten Jasmin in XY mit einer Paintball-Waffe auf die unten an der Straße an einer dort befindlichen Haltestelle stehenden Geschädigten. Die Distanz betrug ca. 70 Meter. Die vorgenannten Geschädigten wurden durch die Paintball-Kugeln im Waden- und Kniebereich getroffen und erlitten hierdurch leichte Schmerzen.

Die Zustellung des Strafbefehls an Samuel wurde durch sogenannte Postzustellungsurkunde in der Gerichtsakte vermerkt. In dieser Urkunde wurde angekreuzt, dass der Briefträger den gelben Brief des Gerichts in den Briefkasten des Beschuldigten eingeworfen habe. Tatsächlich hatte Samuel dieses Schreiben nie erhalten. Er wohnte schon seit Langem nicht mehr an der Anschrift, was bei Staatsanwaltschaft und Gericht unbekannt geblieben war. Als Samuel mehrere Monate später in der Kanzlei auftauchte und wir die Akte anforderten, mussten wir ihm erklären, dass nur eine juristisch äußerst komplizierte Wiederaufnahme des Verfahrens zu einer Löschung dieses Eintrages in seinem Register führen kann. In dem Wiederaufnahmeverfahren sagte nicht nur Samuels damalige Freundin Jasmin, sondern auch eine weitere Frau übereinstimmend aus, dass bei der Party im Dachgeschoss ein anderer Herr eine Gotcha-Pistole dabei hatte und mit dieser herumfuchtelte. Nach monatelangem Bangen wurde das Verfahren wieder aufgenommen und Samuel freigesprochen. Als sein Chef hiervon erfuhr, sagte er: »Das ist ja unfassbar. Da wird jemand, der nachweislich unschuldig ist, ohne sein Wissen von einem deutschen Gericht verurteilt und bekommt einen Eintrag – wenn auch nur im großen Führungszeugnis. Hätte ich nicht nachgeforscht, hätte Samuel wahrscheinlich nie im Leben erfahren, dass er unschuldig verurteilt worden ist.«

STRAFEN AM FLIEßBAND – FEHLURTEILE PER POST

Macht die Justiz kurzen Prozess und schickt einem Beschuldigten ein Urteil in Form eines Strafbefehls, geht das in einigen Fällen nicht mit rechten Dingen zu. Man kann durchaus noch einen Schritt weitergehen und sagen: Wer wirklich gerechte Verfahren mit gerechten Ergebnissen will, muss das Strafbefehlsverfahren abschaffen.

Ein weiteres Problem dieser Verfahrensart: Viele Richter übernehmen die Strafbefehlsanträge der Staatsanwaltschaft ungeprüft, schauen noch nicht einmal in die Akte. Diese Richter beruhigen sich damit: Wenn einer meint, unschuldig zu sein, kann er ja Einspruch einlegen. Und noch ein Kritikpunkt: Hat sich ein Richter einmal auf die Schuld eines Angeklagten im Strafbefehl festgelegt, muss er unter Umständen in einer späteren Hauptverhandlung nach Einspruch seine ursprüngliche Sicht korrigieren. Dies fällt gerade eitlen Richtern schwer, besonders dann, wenn auch noch die Presse das weitere Verfahren beäugt. So geschehen im Fall Lohfink.

Unser Fazit: Das Strafbefehlsverfahren ist dringend reformbedürftig. In Anbetracht der Arbeitsauslastung der Justiz scheint es illusorisch, für eine generelle Abschaffung dieses Schnellverfahrens zu plädieren. Wir meinen aber, dass Strafbefehle nicht durch Briefträger achtlos in den Briefkasten eingeworfen werden dürfen, weil Post oft abhandenkommt. Wenn man dieses Verfahren weiter zulässt, fordern wir eine persönliche Übergabe an den jeweiligen Betroffenen.

KAPITEL 11

»ICH WAR ES NICHT!«: WAS MACHT ES MIT EINEM MENSCHEN, UNSCHULDIG VERURTEILT ZU WERDEN?

Wie unerträglich es sein muss, wie alleine, hilflos und unverstanden sich jemand fühlen muss, der trotz aller Beteuerungen erst unschuldig unter Verdacht geraten und dann unschuldig verurteilt worden ist, kann wahrscheinlich nur derjenige greifbar in Worte fassen, der diesen Albtraum selbst durchgemacht hat. Wie sehr treiben die endlosen vergeblichen Versuche, seine Unschuld zu beweisen, jemanden in die Verzweiflung? Wie still steht die Welt für jemanden, der immer und immer wieder laut den Satz ruft: »Ich war es nicht!«, wenn er merkt, dass er zwar den Schlüssel zur hundertprozentigen Wahrheit in seiner Hand hält – für ihn aber trotzdem alle Türen fest verschlossen bleiben. Wenn sich womöglich sogar engste Vertraute abwenden und einem keinen Glauben schenken.

Am Ende eines Strafprozesses entscheidet ein Gericht über Schuld oder Unschuld »nach seiner freien, aus dem Inbegriff der Verhandlung geschöpften Überzeugung« (Paragraf 261 Strafprozessordnung). Überzeugung in diesem Sinne liegt nach dem Bundesgerichtshof jedoch bereits vor, wenn »ein nach der Lebenserfahrung ausreichendes Maß an Sicherheit gegeben ist, demgegenüber vernünftige und nicht bloß auf denktheoretische Möglichkeiten gegründete Zweifel nicht mehr aufkommen«. Bei allem Respekt: Wenn es um Wahrheitsfindung geht, können schwammige Begriffe wie »ausreichend«, »vernünftig« und »nicht bloß denktheoretisch« keine rechtschaffene Stütze sein. Wir meinen: Nicht zuletzt auch aufgrund dieser mehr umständlichen als klarstellenden Definition klafft in unserem Rechtssystem ein riesiges Leck für Fehlurteile. Übersetzt bedeutet sie nämlich kaum etwas anderes, als dass Richtern die Freikarte dafür ausgehändigt wird, mit der Lebenswirklichkeit zu argumentieren und sich in kniffligen Konstellationen (»in dubio pro reo« zum Trotz) auf die Annahme zurückziehen zu dürfen: »Es kann ja wohl gar nicht anders oder niemand anderes gewesen sein.« Und wir beobachten: Oftmals werden Indizien so zusammengefügt, dass sie in das Bild passen, das man vor Augen haben möchte.

Wie unheilvoll Fehleinschätzungen unter Anwendung des Leitgedankens »Wer denn sonst?« ausgehen können, zeigen zahlreiche krasse Justizirrtümer. Der »Mordfall Peggy« gilt hierzulande wohl bis heute als einer der spektakulärsten Kriminalfälle inklusive Fehlurteil. Die Neunjährige verschwand im Jahr 2001 spurlos. Die Mutter von Peggy soll die Ermittler dazu gebracht haben, den geistig behinderten Ulvi näher zu durchleuchten. Die Spuren- und Vermisstensuche verlief ergebnislos. Ulvi hatte zudem ein Alibi. Umso überraschender war es, dass der Mann später in einem Polizeiverhör zugab, schuldig zu sein – und sogar den vermeintlichen Tathergang geschildert haben soll. Aufgezeichnet wurde dieses Verhör allerdings nicht. Ein Verteidiger war währenddessen auch nicht an seiner Seite. Ein Gutachten sprach ihm die geistigen Fähigkeiten ab, sich eine solche Geschichte auszudenken.

Trotz zahlreicher Ungereimtheiten gelangte das Gericht am Ende zu der Überzeugung, dass nur Ulvi der Täter gewesen sein kann. Zunächst wurde er im April 2004 vom Landgericht Hof in einem Indizienprozess wegen Mordes zu lebenslanger

Haft verurteilt. Der Bundesgerichtshof bestätigte das Urteil. Eine Bürgerinitiative kämpfte jedoch jahrelang für ein Wiederaufnahmeverfahren. Ein Zeuge nahm seine belastende Aussage zurück, die er im ersten Prozess wohl nur wegen hinter vorgehaltener Hand versprochener Hafterleichterungen abgegeben hatte. Im Mai 2014 wurde Ulvi schließlich rechtskräftig freigesprochen. 2016 wurden menschliche Überreste von Peggy von einem Pilzsammler in einem Waldstück entdeckt. Bis heute konnte der wahre Täter nicht gefasst werden.

Dass jahrelange Gefängnis- oder Psychiatrieaufenthalte für unschuldig Verurteilte und ihre Familien psychisch extrem nervenaufreibend und belastend sind, bedarf im Grunde keiner Diskussion. Dass auch Strafen ohne Freiheitsentzug mit juristisch deutlich schwächeren Vorwürfen Spuren der absoluten Verzweiflung hinterlassen, beweist geradezu mustergültig der nachfolgende Unrechts-Fall einer Supermarktangestellten. Unsere Mandantin hatte zwar »nur« ihren Nebenjob verloren und eine überschaubare Geldstrafe erhalten, dennoch quälte sie jahrelang der schwere Rucksack, dass an entscheidender Stelle so gut wie niemand ihre gebetsmühlenhaft vorgetragene Unschuldsbeteuerung ernst genommen hat: »Ich war das nicht!«

DAS SAFEBAG UND DIE WHISTLEBLOWERIN

Der Albtraum für unsere Mandantin Annelie, dreiundzwanzig Jahre alt und Kassiererin in einer Ruhrgebiets-Filiale einer großen Supermarktkette, begann im März 2017. Ellen, eine ihrer Arbeitskolleginnen und stellvertretende Filialleiterin, hatte sich damals gegen Mittag auf den Weg zu einem Polizeirevier gemacht, um eine Strafanzeige gegen Annelie zu erstatten. Ein Kriminalhauptkommissar (KHK) empfing sie, beide zogen sich in sein Büro zurück. Dann begann Ellen, zu erzählen:

Frage (KHK):
Welchen Sachverhalt möchten Sie zur Anzeige bringen?

Antwort (Ellen):
Ich arbeite seit Jahren in einer Supermarktfiliale. Vor zwei Tagen sind abends ca. 2950 Euro, die in einem Safebag waren, von meiner Kollegin Annelie unterschlagen worden.

Frage (KHK):
Können Sie den Tatverdacht konkretisieren?

Antwort (Ellen):
Am 20.03.2017 hatten wir gegen 21.00 Uhr Feierabend. Die Kassen werden dann abgerechnet. Die Kassierer kommen zu mir ins Büro und öffnen ihre Kasse. Ca. 300 Euro bleiben drin. Das überschüssige Geld wird dann von mir in ein Safebag gepackt und kommt in den Tresor. Es wird an unterschiedlichen Tagen von einer Geldtransportfirma abgeholt.

Frage (KHK):
Können Sie das Ablegen des Geldes in den Tresor näher beschreiben?

Antwort (Ellen):
Ich habe einer weiteren anwesenden Mitarbeiterin das Geld aus Annelies Kasse gegeben, sie machte dann das Safebag fertig. Das gab sie dann weiter an Annelie mit den Worten, dass sie es jetzt in den Tresor werfen solle. Annelie öffnete den Tresor und drehte uns dabei den Rücken zu. Es ist ein Standtresor, in dem

die Kasseninhalte abgelegt werden. Unter dem Tresor ist ein zweiter Tresor, der später nur vom Filialleiter gemeinsam mit der Geldtransportfirma geöffnet werden kann. Der obere Tresor verfügt über eine Schubladenklappe, in die das Safebag geworfen . wird und dann in den unteren Tresor fällt. Die Klappe schließt sich wieder, und man kommt an das Geld nicht mehr heran. Nachdem Annelie das Geld eingeworfen hatte, erklärte sie, dass sie noch einmal in den Verkaufsraum muss, weil sie das Telefon vergessen hat. Die andere Mitarbeiterin sagte zu mir, dass ihr das Geräusch komisch vorkam, als Annelie das Geld einwarf. Sie schaute noch einmal nach, konnte aber nichts Verdächtiges erkennen. Am nächsten Tag wurde dann festgestellt, dass das Safebag fehlte. Annelie wird es nicht eingeworfen haben.

Frage (KHK):
Wie lange ist sie in der Firma beschäftigt?

Antwort (Ellen):
Seit Anfang des Jahres. Sie sagte uns, sie braucht einen Zusatzverdienst, damit sie ihre Hochzeit finanzieren kann. Nach dem Vorfall ist sie nicht mehr zur Arbeit erschienen. Mehr kann ich zu dem Sachverhalt nicht sagen. Ich konnte dieser Vernehmung in allen Punkten folgen. Ich habe hier die Wahrheit gesagt.

Im Anschluss an diese Zeugenvernehmung reagierte die Supermarktkette unverzüglich: Annelie wurde fristlos gekündigt. Bei einem Treffen mit ihr in der Filiale soll sie gegenüber dem Einkaufsleiter der Supermarktkette eingeräumt haben, das jetzt spurlos verschwundene Safebag als Letzte in der Hand gehabt und wohl auch in den Tresor gelegt zu haben. An mehr könne sie sich aber nicht mehr erinnern. Auf die Vorwürfe und auf die Kündigung soll Annelie nach Angaben des Einkaufsleiters regungslos, auffallend emotionslos und angeblich sogar mit Verständnis reagiert haben.

Der Filialleiter gab später zu Protokoll, dass er gemeinsam mit einem Mitarbeiter der Geldtransportfirma am 21. März 2017 routinemäßig den Innentresor geleert und dabei das Fehlen des Safebags bemerkt habe. Es sei das einzige gewesen, was gefehlt habe. Alle anderen von den Vortagen hätten im unteren Tresor gelegen. Der Filialleiter legte sich dann fest, dass es aus seiner Sicht nur die Möglichkeit gäbe, dass das Safebag durch eine der Mitarbeiterinnen eingesteckt worden sei. Da es in etwa die Größe eines DIN-A3-Umschlages hatte, hätte man es auch problemlos unter der Kleidung verschwinden lassen können.

Einige Tage später erschien die Kassiererin Annelie auf dem Polizeirevier. Auch sie wurde – allerdings als Beschuldigte und nicht als Zeugin – von einem Kriminalhauptkommissar (KHK) belehrt und befragt. Auch sie schilderte ihre Erinnerungen an den fraglichen Tag:

Annelie:
Ich habe nichts zu verbergen und möchte etwas zu der Sache sagen.
An diesem einen Tag habe ich wie üblich die Kasse gemacht, das war bis 21.00 Uhr. Von da aus habe ich die Kasse genommen und bin zum Büro gegangen.
Dort waren schon Ellen, die stellvertretende Filialleiterin, und eine andere Kollegin. Dort wurde das Geld abgerechnet, also gezählt, und die Tageseinnahmen wurden in ein Safebag gelegt. Ich stand am Tresor, und meine Kollegin hat mich gebeten, das Pack in den Tresor zu werfen. Der Tresor war schon offen. Ich habe das Safebag in die Klappe gelegt und mehrmals dran gezogen, damit das Geld nach hinten rutscht und runterfallen kann. Ich habe es mehrmals versucht, es ging nicht. Dann habe ich ver-

sucht, mit der Hand das Safebag durch einen Minischlitz in der Klappe nach unten zu führen, damit es einfällt. Zu dem Zeitpunkt hat meine Kollegin mir gesagt, dass ich das Telefon von der Kasse ins Büro holen soll. Das war ein blöder Zeitpunkt. Normalerweise wäre das Telefon vorher schon im Büro gewesen, aber ich habe es wohl an der Kasse vergessen. Das war es eigentlich. Mehr kann ich nicht sagen. Ich kann das wohl nicht beweisen, aber ich kann Ihnen versichern, dass ich nichts mit der Sache zu tun habe. Also, ich würde das Geld nie anfassen. Ich möchte noch hinzufügen, dass mir gesagt wurde beim Einstellungsgespräch, dass wohl schon mehrfach in der Filiale Geld von Mitarbeitern entwendet wurde.

Frage (KHK):
Ist das Geld nun durch die Klappe nach unten gerutscht?

Annelie:
Daran erinnere ich mich nicht mehr genau. Ich kann Ihnen nur sagen, dass ich die eine Sache nie abschließen würde, bevor ich eine andere Sache beginne. Ich würde das Geld ja nicht da liegen lassen. Wie gesagt, ich habe versucht, das Geld da reinzulegen, und nachher hatte ich es nicht mehr. Das können genauso meine Kolleginnen gewesen sein.

Frage (KHK):
Wann hätten Sie denn wieder zur Arbeit erscheinen sollen nach dem Vorfall?

Annelie:
Eigentlich am Dienstag, also einen Tag danach.

Frage (KHK):
Was heißt eigentlich?

Annelie:
Ich bin da nicht erschienen, aber das kann ich erklären. Davor in der Woche hatte mich eine Arbeitskollegin gefragt, ob ich am Montag für sie arbeiten könnte. Das habe ich gemacht und dachte, dass der Dienstag dann dafür wegfällt. Das war mein Fehler. Bis zu dem Gespräch am Samstag habe ich dann nichts gehört.

Frage (KHK):
Ich habe die Informationen, dass man schon vorher versucht hat, Sie zu erreichen, dass Sie mehrere Tage nicht zur Arbeit erschienen sind.

Annelie:
Nein, das stimmt auf keinen Fall. Ich glaube, dass irgendeine Person mich da rausekeln will, das ist eine Unverschämtheit: Sie können alle meine Telefone von mir auswerten, ich habe nichts zu verbergen. Eigentlich bin ich ja gerne dahingegangen und habe mich mit den Kolleginnen verstanden. Ich weiß, dass mir auch vorgeworfen wird, dass ich mich danach zu ruhig verhalten hätte und mich nicht gerechtfertigt hätte. Aber was soll ich denn machen? Natürlich war ich eingeschüchtert, wenn fünf Leute dort stehen und dir Vorwürfe machen. Sie sehen mich ja selbst, ich bin eher ruhig. Natürlich kommt zu Hause dann alles raus. Das ist extrem belastend, wenn man zu Unrecht verdächtigt wird und das Gegenteil nicht beweisen kann. Zum Glück hält meine Familie zu mir. Die kennen mich und meine Werte und wissen, dass ich nie lügen und so etwas machen würde.

Im Anschluss an die Vernehmung von Annelie formulierte der Kriminalhauptkommissar in einem Aktenvermerk am 5. April 2017: »Nach Ansicht des Unterzeichners ist vorliegender Sachverhalt zurzeit nicht endgültig und beweissicher aufzuklären. Weitere Ermittlungsansätze sind momentan nicht ersichtlich. Der Vorgang wird der Staatsanwaltschaft zur Kenntnis und weiteren Entscheidung übersandt.« Drei Wochen später verfügte ein Staatsanwalt, dass die Ermittlungen ungeachtet des polizeilichen Hinweises abgeschlossen sind und gegen Annelie ein Strafbefehl wegen Unterschlagung erlassen werden soll. Es soll eine Geldstrafe in Höhe von 1500 Euro (hundert Tagessätze zu je 15 Euro) verhängt werden. Die Staatsanwaltschaft hält es für erwiesen, dass Annelie das Safebag an sich genommen und vor ihren Kolleginnen nur vorgegeben hat, etwas in den Tresor zu legen.

Nachdem Annelie über unsere Kanzlei Einspruch gegen den Strafbefehl eingelegt hatte, kam es am Amtsgericht zum Prozess. Sie bestritt die Vorwürfe auch hier auf das Schärfste, ebenso wiederholten ihre Kolleginnen ihre Aussagen. Am 16. November 2017 wurde Annelie dann erstinstanzlich wegen Unterschlagung zu einer Geldstrafe in Höhe von hundert Tagessätzen zu 40 Euro (4000 Euro) verurteilt. Der erlangte Vermögensvorteil von 2950 Euro wird laut Gericht eingezogen. In den Urteilsgründen heißt es unter anderem:

Am 20.03.2017 befand sich die Angeklagte gegen 21.10 Uhr zusammen mit zwei Kolleginnen in dem Büro der Supermarktfiliale. Die Angeklagte war zu jener Zeit Kassiererin in der Filiale, die Zeugin (gemeint ist Ellen) eine Mitarbeiterin. Diese war zu dieser Zeit mit dem Abschöpfen des Kassenüberschusses beschäftigt. Hierbei übergab sie ca. 2950 Euro an eine mitanwesende Kollegin, welche den Geldbetrag in ein sogenanntes Safebag steckte. Das verschlossene Safebag wurde der Angeklagten mit der Aufforderung ausgehändigt, es in den Tresor, der sich im gleichen Raum befand, zu werfen. Dies geschah in der Gestalt, dass das Safebag in einen von außen am Tresor befindlichen

Einwurfschlitz geworfen wurde und über eine Klappe ins Tresor-
innere fiel. Statt dieser Aufforderung Folge zu leisten, nahm
die Angeklagte den Geldumschlag an sich und gab nur vor, ihn
in den Tresor zu legen. Anschließend verließ sie den Raum unter
der Vorgabe, das noch im Kassenbereich befindliche Mobiltelefon,
welches aufzuladen war, holen zu müssen. Kurze Zeit später
verließ die Angeklagte die Filiale, wobei sie das Safebag mitnahm,
um es für sich zu behalten.

Die Angeklagte hat sich dahingehend eingelassen, das Safebag
erhalten zu haben und – so wie es ihr angetragen war – in den
entsprechenden Schlitz des Tresors geworfen zu haben. Sie habe
mehrfach an der daran befindlichen Klappe gewackelt, um zu
erreichen, dass das Safebag sicher im Tresorinneren landet. Es
käme öfter vor, dass der Versuch, ein Safebag dort zu deponieren,
wiederholt werden müsse, weil das Safebag an den Tresorwänden
klemme. Die Einlassung der Angeklagten wird – soweit diese im
Widerspruch zu obigen Feststellungen steht – widerlegt durch
die glaubhaften Bekundungen der vernommenen Zeugen.

Sowohl die zwei Supermarktmitarbeiterinnen als auch die
anderen Zeugen haben auf das Gericht einen außerordentlich
guten Eindruck gemacht. Bei keinem der Zeugen war auch nur
ansatzweise feststellbar, dass die vorgetragenen Angaben un-
wahr erschienen. Verbunden mit den durch die eine Zeugin
geschilderten fehlenden Geräusche des hinabfallenden Safebags
und dem Umstand, dass der Einwurfschacht des Tresors über-
prüft wurde, hält das Gericht es für ausgeschlossen, dass das
Safebag aufgrund eines fehlerhaften Einwerfens nicht in den
Tresor gelangt ist.

Die Angeklagte hat gegenüber den Zeugen im Rahmen privater
Gespräche mehrfach angegeben, möglichst viel Geld verdienen zu
wollen, um die Kosten ihrer geplanten Hochzeit finanzieren zu
können. Aus diesem Grunde sei die Tätigkeit als Kassiererin be-
reits ein »Zweitjob«, insofern liegt eine Motivation zur Weg-

nahme des Geldes bei der Angeklagten sehr wohl und im gesteigerten Maße vor. Bei einer Gesamtschau ist das Gericht davon überzeugt, dass allein die Angeklagte als Täterin der Wegnahme des ihr anvertrauten Geldes im Safebag in Betracht kommt.

Annelie hatte durchweg auch uns gegenüber ihre Unschuld beteuert. Dementsprechend kam es einige Zeit später auch zu einer zweiten Verhandlung in der Berufungsinstanz am Landgericht. Dort führte eine erfahrene Richterin den Vorsitz. Diese hatte sich zu Beginn des zweiten Prozesses zunächst Annelies bestreitende Version angehört und mehrere Zeugen vernommen. Anschließend hatte sie die Verhandlung unterbrochen und in unsere Richtung und damit auch zu Annelie einen ausführlichen, ehrlich gemeinten und fairen Hinweis erteilt:

»Sie kennen mich für ein offenes Wort. Ich habe die ersten Zeugen in dieser Sache gehört. Ich kenne die Urteilsgründe der ersten Instanz und die Akte. Ich kenne auch Ihre Aussage. Ganz ehrlich: Ihre Berufung hat hier bezüglich eines Freispruches nicht die geringste Aussicht auf Erfolg. Ich verstehe aber, dass hundert Tagessätze Geldstrafe aus der ersten Instanz für Sie als nicht Vorbestrafte ein hartes Pfund sind. Das würde bedeuten: Sie wären vorbestraft. Wenn Sie jetzt einräumen, es doch gewesen zu sein, und Ihr Rechtsmittel auf den Rechtsfolgenausspruch beschränken, dann könnte sich die Kammer sehr gut eine Tagessatzanzahl vorstellen, die nicht dazu führt, dass Sie einen Eintrag in Ihr Führungszeugnis bekommen (gemeint waren maximal neunzig Tagessätze) und in dieser Hinsicht unvorbestraft hier rausgehen, auch wenn Sie eine Geldstrafe erhalten.«

Wir haben daraufhin lange mit Annelie das weitere Vorgehen abgewogen und besprochen. Unsere Mandantin hatte die Wahl: Entweder das Ganze konsequent weiter durchziehen in Richtung Freispruch. Allerdings nach der richterlichen Ansage mit einer nahezu hundertprozentigen Verurteilungswahrscheinlichkeit. Oder: Wenn auch mit mehr als nur Bauchschmerzen die pragmatische »bittere Pille« schlucken – und die Berufung zu beschränken.

Annelie war alleine durch unsere Erwähnung, dass der zweite Weg durchaus ratsam erscheinen könnte, sichtlich gekränkt. »Selbst Sie glauben mir nicht als mein Verteidiger. Das ist doch unglaublich«, sagte sie. Wir haben ihr daraufhin erklärt, dass es in manchen Konstellationen überhaupt keine Rolle spielt, ob wir Verteidiger unseren Mandanten glauben oder nicht. Effektive Verteidigung kann in Einzelfällen aber auch bedeuten, dass »stachelige Wege« beschritten werden müssen. Und wenn sich bei hundertprozentiger Verurteilungswahrscheinlichkeit nur ein Fünkchen auftut, das für die Mandanten positiv ist, dass man darüber nachdenken muss. Alles andere wäre mit dem Kopf durch die Wand. Und das Fünkchen in diesem Fall war nun mal die Ansage, dass eine Strafe gefunden werden kann, die keinen Eintrag in ihr Führungszeugnis bedeutet. Insbesondere, da ihr bereits gekündigt worden war und Annelie noch viele Jahre im Berufsleben vor sich hatte, war ein blankes Führungszeugnis immerhin eine Art »Teilerfolg«. Auch wenn es eine persönliche Niederlage blieb.

Annelie war nicht glücklich mit dem Rechtsgespräch auf dem Gerichtsflur, dennoch gab sie schließlich ihre Zustimmung. Wieder zurück im Saal, erklärten wir als ihre Verteidiger: »Wir beschränken die Berufung auf das Strafmaß!« Bis zur Verkündung des Berufungsurteils am 20. April 2018 – neunzig Tagessätze zu je 40 Euro Geldstrafe – dauerte es nur wenige Minuten. Annelie war trotz allem stocksauer. Das Urteil wurde eine Woche später rechtskräftig.

Am 22. Juni 2018 unterschrieb sie zur Begleichung der 3600-Euro-Geldstrafe und den Gerichtskosten bei der zuständigen Staatsanwaltschaft eine Ratenzahlungsvereinbarung. Mehr als ein Jahr später, am 2. Juli 2019 und damit 835 Tage nach Bekanntwerden der Vorwürfe, sollte die Angelegenheit eine unglaubliche Wendung annehmen. Auslöser war eine anonyme Nachricht an Annelie über Instagram. Noch am selben Tag ging sie spätabends, um 23:00 Uhr, erneut zur Polizei und teilte dort einem Kriminalhauptkommissar Folgendes mit:

Ich wurde heute über Instagram angeschrieben (vermutlich Fake-Account), dass jemand mir etwas Wichtiges sagen wolle. Ich habe dann meine Handynummer herausgegeben und wurde dann um 22.03 Uhr von einer Frau mit unterdrückter Nummer angerufen. Sie sagte mir, dass das Safebag, das ich gestohlen haben sollte und wofür ich auch bereits verurteilt wurde, ein paar Monate nach der Verhandlung aufgefunden wurde. Und zwar sei es in dem Tresor aufgefunden worden, aber wie und warum und wo genau, sagte sie mir nicht. Allerdings gab sie an, dass die Verkaufsleiterin alle Mitarbeiter darauf eingeschworen hat, nichts und niemandem davon zu erzählen. Sie soll den Mitarbeitern auch mit Kündigung gedroht haben, wenn es doch rauskommt. Deshalb bin ich gekommen, um das mitzuteilen. Ich habe immer meine Unschuld beteuert, aber niemand hat mir geglaubt. Ich zahle immer noch die Raten für die Strafe und die Gerichtskosten ab. Eine Riesengemeinheit, wenn das wahr ist und das Safebag aufgefunden wurde und nicht bekannt gegeben wurde, dass das ein großer Irrtum zu meinen Lasten war.

Weil sich Annelie glücklicherweise Screenshots von der Kontaktaufnahme über Instagram gemacht hatte und es ihr dann aber auch anders gelungen war, den Namen der Whistleblowerin Maja herauszufinden, konnte die Auszubildende in der fraglichen Ruhrgebiets-Filiale am 27. September 2019 zur Zeugenvernehmung vorgeladen und von einem Kriminalhauptkommissar befragt werden:

Maja:
Ich war im ersten Jahr in der Filiale tätig und davor schon dort als Aushilfe. Aber damals, als diese Sache mit dem Safebag passiert ist, war ich noch nicht dort. Vor ein paar Monaten war ich mit einigen Kolleginnen vor dem Aufenthaltsraum draußen, um eine zu rauchen. Da habe ich mitbekommen, dass die sich über irgendeine Sache mit einem Safebag unterhalten haben. Ich habe nachgefragt, worum es geht. Zuerst wollte mir keiner was sagen. Dann hat eine Arbeitskollegin erzählt, dass es wohl um Annelie geht und dass sie wohl intern Schweigepflicht haben. Die Verkaufsleitung hat wohl gesagt, dass darüber nicht erzählt werden darf. Dann bin ich zu meinem Marktleiter, also Filialleiter gegangen und habe da nachgefragt.
Dann hat der mir erzählt, dass wohl zunächst ein Safebag verloren gegangen worden sein sollte und man das später wiedergefunden hat, und zwar im Tresor. Das Safebag soll wohl hängen geblieben sein und später wiedergefunden worden sein.
Was dann später weiter passiert ist, wusste der Marktleiter auch nicht. Der Verkaufsleiter für diesen Bereich soll den Mitarbeitern »befohlen« haben, über diese Geschichte zu schweigen.
Das haben die Kolleginnen alle so erzählt. Ich selbst habe nur etwas erzählt, weil die Annelie früher bei mir in der Nachbarschaft wohnte und ich ein schlechtes Gewissen hatte. Wie gesagt, ich selbst weiß das alles nur vom Hörensagen. Kurz nachdem ich diese Sache gehört habe, habe ich das der Annelie geschrieben, und die ist dann sofort zur Polizei gegangen.

Die damalige Anzeigenerstatterin Ellen musste daraufhin nochmals bei der Polizei erscheinen und gab zu, dass sie kurz nach der zweiten Urteilverkündung gegen Annelie mitbekommen hätte, dass das Safebag plötzlich wieder aufgetaucht sei. Der Inhalt noch verschweißt in ihm. Ein Geldbote sei wohl eines Tages verwundert gewesen, als er einen Safebag zu viel im Tresor fand. Aufgrund der Nummer, des Datums und der Unterschrift habe man eindeutig identifizieren können, dass es sich um das angeblich von Annelie unterschlagene Pack handelte. Natürlich sei damals der Tresor, also sowohl der Innen- als auch der Außentresor, mehrmals inspiziert und sozusagen auseinandergenommen worden. Sie selbst halte es zwar für ausgeschlossen, dass das Safebag rund eineinhalb Jahre unentdeckt in dem Tresor geklemmt haben soll. Eine andere Erklärung habe sie aber auch nicht. Das Ganze komme ihr insgesamt sehr dubios vor. Dass ihr Arbeitgeber Annelie bis heute darüber im Unklaren gelassen habe, finde sie komisch.

Aufgrund unserer Intervention wurde ein Wiederaufnahmeverfahren eingeleitet. Am 18. August 2020 – 1248 Tage nach der angeblichen Tat – wurde Annelie schließlich unter Aufhebung des vorherigen Urteils freigesprochen. Eine Auszubildende mit Rückgrat und Courage hatte Annelie letztlich von der Last, unschuldig verurteilt worden zu sein, befreit. Der Arbeitgeber hingegen wollte das eklatante Fehlurteil sowie den völlig unrechtmäßigen fristlosen Rauswurf Annelies am liebsten klammheimlich unter den Teppich kehren. So blieb nur fassungsloses Kopfschütteln übrig, wie scham-, skrupel- und gewissenlos und, ja, auch menschenverachtend das Unternehmen sich Annelie gegenüber präsentiert hat.

DIE DUNKLE SEITE DER JUSTIZ

Als Annelie damals zu uns in die Kanzlei kam, nachdem sie die Nachricht erhalten hatte, dass die Supermarktkette sie für den Preis einer unangenehmen Wahrheit zu opfern bereit gewesen war, sagte sie wörtlich: »Sehen Sie, ich habe es immer gesagt: Ich habe nichts getan. Ich bin unschuldig. Das Safebag ist tatsächlich wiedergefunden worden.«

Ihr Fall macht unserem Empfinden nach auf bemerkenswerte Weise klar, wie wenig im Grunde passieren muss, dass zahlreiche Personen auf die falsche Fährte gelangen – und diese Fährte stur bis zum bitteren Ende als den richtigen Weg verteidigen. Es beginnt mit der Arbeitskollegin von Annelie, die objektiv offensichtlich nichts gesehen hatte, subjektiv aber keine Gelegenheit ausließ, um den Verdacht auf Annelie zu lenken. Und die sich gemeinsam mit vielen Mitarbeitern letztlich indirekt als lügende Zeugin betiteln lassen muss. Sie alle haben die Legende von dem verschwundenen Safebag trotz seines Wiederauftauchens durch ihr Schweigen weiterleben lassen.

Dann ist da aber auch ein Staatsanwalt gewesen, der trotz dokumentierter Beweisnöte die Akte zuklappt und einen Strafbefehl beantragt. Oder der Vorsitzende Richter, der der unsäglichen Floskel folgte: »Wer soll es denn sonst gewesen sein?«.

Zugegeben: Annelie hat – taktisch motiviert – ein falsches Geständnis abgenickt, um sich ein blankes Führungszeugnis zu erhalten. Annelie ist an dem zermürbenden Kampf um Gerechtigkeit fast zerbrochen. Sie war nervlich am Ende. Zerfressen von Selbstzweifeln, besessen davon, es doch noch irgendwie beweisen zu können. Ganz häufig saß sie schluchzend bei uns in der Kanzlei, beteuerte ihre Unschuld und beklagte sich: »Sie als meine Verteidiger glauben mir nicht.

Selbst meine Familie glaubt mir nicht wirklich. Keiner glaubt mir!« Sie zog sich völlig zurück, ihr Privatleben veränderte sich dadurch grundlegend, sie mied selbst vertraute Freunde. Als der Staatsanwalt deutliche Worte in seinem Plädoyer fand (»Sie erzählen uns hier Geschichten aus dem Paulanergarten. Ich glaube Ihnen kein Wort! Sie haben sich das Safebag eingesteckt. Sie haben gierig gehandelt«), wäre sie fast aus der Haut gefahren. Danach folgte der Richter, der in das gleiche Horn pustete. Und auch am Landgericht bekam sie nur Floskeln zu hören, wie erfahren die Richterin sei und dass sie ihr nichts vormachen könne.

Bricht man diese psychische Last darauf herunter, dass es in Annelies Fall »nur« um eine moderate Geldstrafe ging, ist kaum zu ermessen, wie groß der innere Druck, wie schwer die psychische Last bei Betroffenen sein muss, die unschuldig zu langjährigen Gefängnisstrafen verurteilt worden sind. Dass ein Mensch sich damit arrangieren muss, als Einziger (außer dem wahren Täter) zu wissen, dass ein Fehlurteil auf einem lastet, halten wir für einen Albtraum. Und gleichzeitig von der deutschen Strafjustiz auch noch mit sehr direkten Worten der Tatbegehung bezichtigt zu werden. Es ist die dunkle Seite der Justiz, wenn sie Unschuldige für schuldig erklärt und dann oft mit arroganter Selbstverständlichkeit diese Personen mit markigen Worten vorführt.

Das Tragische für unschuldig zu einer Haftstrafe Verurteilte ist, dass sie unter Umständen gezwungen sind, eine nicht begangene Tat zugeben zu müssen. Der Alltag in der Strafhaft hat nämlich eine knallharte Logik, da wird in aller Regel erwartet, dass man sein Unrecht (endlich) einsieht. Sonst gilt man schnell als Querulant und wird als verschwörerisch abgestempelt. Die erwünschten Vergünstigungen im Knast, wie offener Vollzug oder vorzeitige Entlassung, gibt es nicht. Eine Zeitzeugin dieses unerträglichen Zustands erklärte einmal über ihre Jahre im Gefängnis öffentlich: »Man verliert den Glauben an die Gerechtigkeit.« Die inzwischen verstorbene Monika M. war 2005 in Berlin unter anderem wegen Mordes an ihrem Vater zu einer lebenslangen Haftstrafe verurteilt und 2008 vom Bundesgerichtshof nach Vorlage neuer Sachverständigengutachten freigesprochen worden. Als Haftentschädigung hatte sie elf Euro pro Tag erhalten. Das machten keine zehntausend Euro für 889 Tage gestohlene Zeit mit Freunden und Familie. Dafür, dass der Job irgendwann weg war und die Wohnung leer geräumt werden musste. Inzwischen ist der Tagessatz für jemanden, der unschuldig in Untersuchungshaft oder im Strafvollzug saß, zwar auf 75 Euro pro Hafttag angehoben worden. Aber wie geht das Leben nach dem Fehlurteil weiter? Die Spuren einer zu Unrecht erlittenen Haft verblassen nie.

NACHWORT

FREIHEIT VS. GERECHTIGKEIT – UNSCHULDIG!

Da-damm. Da-damm. Da-damm. Es war das Geräusch der Betonplatten auf der Landebahn am Frankfurter Flughafen, das Jens Söring am 17. Dezember 2019 nach mehr als dreiunddreißig Jahren im US-Gefängnis endgültig das Gefühl vermittelte: Ich habe es geschafft. Ich bin frei. Das Aufsetzen der Maschine auf Deutschlands größtem Airport war weich, die Ziehharmonika der Passagierbrücke zügig angedockt. Dann kam er endlich, der Moment: Die Tür ging auf. Frische Luft. Freiheit.

Gut drei Wochen zuvor, am 25. November 2019, war Jens Söring in den USA aus seiner Zelle in das Büro der Gefängnisleitung gebracht worden. Dort warteten die Vorsitzende des Bewährungsausschusses und eine Mitarbeiterin auf ihn. In den nächsten Sekunden überrollte ihn ein Wechselbad der Gefühle. »Ihr Antrag auf eine Unschuldserklärung ist abgelehnt, Sie werden jedoch auf Bewährung entlassen«, erklärte ihm die Vorsitzende knapp.

»Ich konnte sehen, wie sehr es sie schmerzte, mir diese Worte sagen zu müssen«, erinnert sich Jens Söring noch heute. Neben ihm saß damals der Gefängnisdirektor, beide hatten in all den Jahren eine Art Freundschaft aufgebaut. Er klopfte ihm freudestrahlend auf die Schulter und rief: »Herzlichen

Glückwunsch, herzlichen Glückwunsch.« Söring wiederum war im ersten Moment bitter enttäuscht. Er hatte sogar kurz überlegt, die Entlassung auf Bewährung auszuschlagen, wollte aus Protest freiwillig im Gefängnis bleiben, um seine ersehnte Unschuldserklärung zu erzwingen. Doch dann entschied er sich anders. Bis heute hat er die Enttäuschung nicht überwunden.»Freiheit habe ich, Gerechtigkeit nicht«, sagt er. Für beide Ziele hatte er Jahrzehnte gekämpft. Erreicht hat er nach eigener Sicht das weniger Wichtige.

Am Frankfurter Flughafen stiegen zuerst zwei Beamte der US-amerikanischen Abschiebebehörde ICE (Immigration and Customs Enforcement) aus dem Flugzeug, Jens Söring ging hinterher. In einer kleinen Abfertigungshalle steuerte das Trio schnurstracks auf einen deutschen Polizeihauptkommissar zu. Um auf sich aufmerksam zu machen, musste er weder winken noch ein Schild hochhalten – denn er stand dort allein.

Dann passierte das, was Söring als »sonderliche Zeremonie« erinnert. Die US-Begleiter übergaben dem deutschen Beamten einen Stapel Formulare zur Unterschrift. Dieser unterzeichnete Papier für Papier und reichte sie schließlich zurück. Die US-Amerikaner drehten sich dann grußlos um und verschwanden. Jens Söring und der deutsche Polizist, er war iranischer Herkunft, sahen sich verdutzt an, bevor sie ein paar Worte wechselten.»Sein Deutsch war besser als meins nach den vielen Jahren im US-Strafvollzug«, erinnert sich der Sohn eines Diplomaten. Der Beamte griff sich Sörings Pass und dessen Bordkarte, sah sich beides an, danach überreichte er ihm die Dokumente mit einem freundlichen Lächeln und sagte:»Herr Söring, Sie sind ein freier Mann.«

Es war das Ende einer jahrzehntelangen Odyssee. Jens Söring steuerte das Hauptgebäude des Flughafens an. Mit jedem Meter, den er weiter durch das Areal lief, fiel ihm etwas Neues auf. Er trug keine Handschellen. Niemand hatte eine Hand auf seiner Schulter. Alles war so sauber. Alle Menschen um ihn schienen zu lächeln. Und dann das größte Glück: Plötzlich stand er allein unter freiem Himmel – zum ersten Mal seit 1986.

»Halten Sie Jens Söring wirklich für unschuldig?«

Diese Frage wurde und wird uns häufig gestellt, seitdem bekannt ist, dass er von uns in Deutschland anwaltlich beraten wird.

Dieses Buch soll helfen, Augen und Ohren zu öffnen, mit dem Ziel, die Anzahl der Fehlurteile und Justizirrtümer zu minimieren. Es geht um Gerechtigkeit, wobei die Schuldfrage in vielen Fällen gar nicht seriös zu beantworten ist. Sie ist letztlich aber auch nicht entscheidend. Entscheidend ist vielmehr die Frage, ob jemand unter Berücksichtigung der geltenden, strafprozessualen Regeln hätte verurteilt werden dürfen oder nicht.

Hierauf gibt es bei Jens Söring nur eine Antwort. Wenn man die wohl bedeutendste Errungenschaft unseres modernen Rechtsstaats, den Zweifelsgrundsatz »in dubio pro reo« ernst nimmt: NEIN!

HINWEIS DER AUTOREN

Alle ausführlich geschilderten Fälle stammen aus der Strafverteidiger-Kanzlei Benecken & Reinhardt. Elf Anwälte bearbeiten hier jährlich rund 5000 neue Mandate. Sämtliche Geschehnisse sind authentisch, geändert wurden zum Schutz unserer Mandanten im Einzelfall Namen und Orte. So weit erforderlich, haben uns alle Mandanten von unserer anwaltlichen Verschwiegenheitsverpflichtung für dieses Buch entbunden. Hierfür möchten wir ihnen danken, ohne ihre Mitwirkung wäre die Erstellung dieses Werks nicht möglich gewesen. Besonderer Dank gilt Jens Söring, der den Autoren in zahlreichen Interviews Rede und Antwort stand.

In folgenden Fällen war Hans Reinhardt der Strafverteidiger: Leichenfund im Stadtpark, Kunstdiebe in Düsseldorf, Erpresservideo im Bordell, Bauernhofmord von Kirchhellen, Satanistenmord von Witten und sein Nachspiel, Schwerenöter Rudi sowie Schizophrener Tagebuchfälscher. In allen anderen geschilderten Fällen war Burkhard Benecken der Verteidiger.

Aus Gründen der Lesbarkeit haben wir bei Personenbezeichnungen und personenbezogenen Substantiven durchweg auf die gleichzeitige Verwendung der Sprachformen männlich, weiblich und divers (m/w/d) verzichtet und vorzugsweise das generische Maskulinum verwendet. Diese verkürzte Sprachform hat allein redaktionelle Gründe und beinhaltet keinerlei Wertungen. Sämtliche Personenbezeichnungen gelten gleichermaßen für alle Geschlechter.

WIESO VERTEIDIGT MAN VERBRECHER?

Burkhard Benecken und Hans Reinhardt, zwei der bekanntesten Strafverteidiger Deutschlands (*Rammo-Clan, Panama Papers*), verhandeln anhand von eindrücklichen Fallgeschichten die großen Fragen um Schuld und Moral. Hat der skrupellose Mörder einen fairen Prozess verdient? Sind Strafverteidiger gewissenlos, weil Sie Kriminellen mit gewieften Strategien beistehen? Und wie ist es, auf der Seite von mutmaßlichen Verbrechern zu stehen und für sie zu kämpfen?

BURKHARD BENECKEN
HANS REINHARDT
INSIDE STRAFVERTEIDIGUNG
ADVOKATEN DES BÖSEN

320 Seiten · 14,5 × 21,0 cm
Hardcover
978-3-7109-0136-2 · € 22,00

clerk calls your name, just state yes or no
as to whether or not the verdict just read
is your verdict.

Juror Number 1? Yes. Number 2? Yes.
Juror Number 3? Yes. Juror Number 4?
Yes. Juror Number 5? Yes. Juror Number
6? Yes. Juror Number 7? Yes. Juror
Number 8? Yes. Juror Number 9? Yes.
Juror Number 10? Yes. Juror Number 11?
Yes. And juror Number 12. Yes.

THE COURT: All right. Would the
defendant rise. Now gentlemen of counsel,
of course I will give you a chance to file
any motions to set aside the verdict, and I
don't expect you to list all the reasons
that you have today, I think you would
prefer to do that in writing at a later
time, I'm simply requesting that you
specify the grounds for setting aside the
verdict, if you care to do so, so that I
can respond to it by the time of the
sentencing hearing. I do, however, intend
at this time to pronounce judgment.
Perhaps before I do that, if you would like
to make any formal motions at this time.